Männer
kochen
anders

FRANK BUCHHOLZ

Männer kochen anders

vgs EGMONT

Ich danke meinem Team, allen voran Ronny Schein, der
maßgeblich die Verantwortung für die Produktion hatte.

Originalausgabe
© 2010 VGS
verlegt durch EGMONT Verlagsgesellschaften mbH,
Gertrudenstraße 30-36, 50667 Köln
Alle Rechte vorbehalten

1. Auflage
Redaktion: Cindy Witt
Fotos: Christiane Bach
Rezeptbearbeitung und Texterstellung: Marion Trutter
Küchenausstattung: www.richtig-schoen-kochen.de
Produktion: Simone Nauerth
Umschlaggestaltung: Zero Werbeagentur, München
Umschlagfoto: © Getty Images/Patrick Ryan
Layout: Angela May Grafikdesign & Buchgestaltung, Mettmann
Druck: Firmengruppe APPL, aprinta druck, Wemding
ISBN: 978-3-8025-3726-4

www.vgs.de

Inhalt

MÄNNER KOCHEN ANDERS

KOCHWERKSTATT

Jetzt den nebenstehenden QR-Code abfotografieren und mehr über das Männerkochbuch erfahren!

Die Zutatenlisten finden Sie als QR-Code auf den jeweiligen Rezeptseiten. Einfach abfotografieren und bequem auf Ihrem Handy anschauen. Sie ersparen sich so das mühsame Abschreiben der Zutaten.

So funktioniert es:

1) QR-Code-Reader im Handy aufrufen

2) QR-Code abfotografieren, ein Link führt sie zu der Zutatenliste

3) Ab in den Supermarkt

Technische Voraussetzungen:

Internetfähiges Handy mit Kamerafunktion

QR-Code-Reader runterladen und installieren (z.B. unter get.beetagg.com)

MÄNNER SIND ANDERS

– und das ist gut so. Wir gehen anders an die Dinge des täglichen Lebens heran als Frauen, und wenn wir ein Hobby für uns entdeckt haben, dann sind wir häufig kompromissloser.

So ist das auch mit dem Kochen zu Hause: Wir haben uns emanzipiert. Kochen und Essen sind für uns Männer nicht mehr nur notwendige Mittel zum Zweck der Nahrungsaufnahme. Brutzeln und Backen, Dünsten und Dämpfen sind Genuss – genauso wie das Einverleiben unserer kulinarischen Machwerke.

Also ist es nur logisch, dass Männer inzwischen die Küche als Lebensraum in Besitz genommen haben. Ich habe sogar schon von Fällen gehört, bei denen eine neue Küche gekauft wurde, weil der Mann das Kochen für sich entdeckte.

Denn – und da kommt der Unterschied zu den meisten Frauen ins Spiel: Männer stellen Technik an erste Stelle und gehen ans Kochen manchmal ran wie ein Ingenieur an ein neues Projekt. Wir wollen auseinandernehmen und zusammensetzen, tüfteln und tricksen. Je technischer, desto interessanter. Manche meinen sogar: Je komplizierter, desto besser. Allerdings können auch einfache Gerichte ausgesprochen lecker sein!

Dieses Kochbuch ist für alle Männer, die Spaß am Kochen haben – ob sie nun mit einem schlichten Eintopf ihre Freunde verköstigen, mit Raffinesse den Chef beeindrucken oder charmant die Liebste verwöhnen wollen.

Klar, dass die Technik in diesem Buch eine Rolle spielt – vom richtigen Messer bis zum Dampfgarer. Auch Ihre Frau oder Freundin wird von den Tipps und Rezepten begeistert sein – und sich freuen, wenn Sie die in der Küche umsetzen. Denn ich finde: Jede Frau sollte einen Mann zu Hause haben, der auch mal für sie kocht.

Viel Freude dabei

wünscht Ihnen
Frank Buchholz

WENIG ZEIT? DANN IST KLUGE ORGANISATION UMSO WICHTIGER.

Fragen Sie sich: Welche Zutaten habe ich im Haus? Was kann ich gut vorbereiten? Die moderne Technik hilft, auch mit wenig Aufwand viel zu erreichen – immer nach dem Motto: Weniger ist mehr. Also lieber mal eine Zutat weglassen und raffiniert mit Saucen und Ölen arbeiten. Schließlich ist Zeit ein wertvoller Rohstoff, den wir alle nicht kaufen können.

VERSPÄTET
WENN ES SCHNELL GEHEN MUSS

MIT KÜCHENWERKZEUG VERHÄLT ES SICH WIE MIT GUTEN FREUNDEN: SUCH DIR DIE BESTEN AUS, DANN KANNST DU DICH EIN LEBEN LANG AUF TREUE BEGLEITER VERLASSEN. In der Küche ist für mich „Made in Germany" immer noch eine Garantie für Qualität. Das gilt für Töpfe und Pfannen genauso wie für Messer und viele andere Küchenutensilien. Meine Empfehlung für die Grundausstattung an Töpfen und Pfannen:

Unverzichtbar sind zwei gute **beschichtete Pfannen zum fettarmen Garen bei mäßiger Hitze**. Dass der Belag irgendwann mal schwindet, ist normal. Dann braucht's eben eine neue — genauso wie man fürs Auto neue Reifen kauft, wenn sie runtergefahren sind.

Ein **Schnellkochtopf** ist zeitsparend und schonend, denn Vitamine und andere Inhaltsstoffe bleiben bestmöglich erhalten. Ich gare sogar Eintöpfe und Gulasch im Schnellkocher.

Im **klassischen Kochtopf** bereite ich in erster Linie Pasta, Saucen und Fonds zu.

Die **Sauteuse** braucht man für die schnelle Küche genauso wie zum Blanchieren von Gemüse, zum Veredeln von Suppen und Saucen oder fürs Finish leckerer Gerichte.

Der **Spargeltopf** ist kein Muss, aber für Liebhaber ein Schatz. In ihm garen die zarten Stangen gleichmäßig im Dampf. Köpfchen dabei immer nach oben, so bleiben sie schön bissfest.

Schnelles
Graupen-Risotto

1. Die Schalotte mit dem Olivenöl und der Butter im Schnell-kochtopf farblos anschwitzen. Den Speck hinzufügen und kurz mit anschwitzen. Die Graupen untermischen und einige Minuten mit-dünsten lassen, dann mit Weißwein ablöschen und das Lorbeerblatt dazugeben. Sobald der Wein verdampft ist, den Geflügelfond dazu-geben und den Schnellkochtopf verschließen. Auf Stufe I 13 Minuten kochen lassen. Dann den Topf von der Kochstelle nehmen und die Graupen noch 5 Minuten ziehen lassen.

2. Den Schnellkochtopf öffnen und die Graupen probieren. Falls sie noch nicht die richtige Konsistenz haben, in traditioneller Weise wie ein klassisches Risotto weiterkochen (mit Brühe angie-ßen und rühren...). Sobald der gewünschte Garzustand erreicht ist, den Schnellkochtopf vom Herd nehmen und den Parmesankäse un-ter die Graupen mischen. Nach Belieben mit Salz und Pfeffer wür-zen. Kurz vor dem Servieren den Schnittlauch unterrühren.

Tipp: Je nach Gusto kann man auch noch fein gewürfelte Oliven oder fein geschnittene und blanchierte Karotten- und Sellerie-würfel unter das Risotto mischen.

Für 4 Personen

1 Schalotte, fein gewürfelt
1 EL Olivenöl
1 EL Butter
60 g Räucherspeck, fein gewürfelt
250 g Graupen, fein
100 ml Weißwein
1 Lorbeerblatt
850 ml Geflügelfond,
    siehe Grundrezept
80 g geriebener Parmesankäse
Meersalz, Pfeffer aus der Mühle
1 kleiner Bund Schnittlauch,
    in feine Röllchen geschnitten

Lauwarmer Lachs
mit Ei und Kaviar

1. Den küchenfertigen Lachs in vier Tranchen schneiden, mit Salz und Pfeffer würzen und je ein Stück mit etwas Limonenabrieb und Olivenöl in einen kleinen Vakuumbeutel geben, dann vakuumieren.

2. Die Eier pellen. Eiweiß und Eigelb trennen, das Eiweiß fein hacken und das Eigelb durch ein Sieb streichen.

3. Für die Vinaigrette die Tomate blanchieren, häuten, vom Strunk befreien und entkernen. Die Tomatenfilets in feine Würfel schneiden und mit den restlichen Zutaten zu einer Vinaigrette verrühren.

4. Den Lachs im Wasserbad bei 60 °C ca. 4 Minuten pochieren, dann vorsichtig auspacken und in einer Pfanne mit Butter und Thymian kurz nachbraten. Nochmals leicht nachwürzen und auf Küchenpapier abtropfen lassen.

5. Den lauwarmen Lachs auf vier Tellern verteilen. Die Vinaigrette um den Fisch nappieren. Auf den Lachs je eine Linie Eigelb und eine Linie Eiweiß anrichten, mit 2 TL Kaviar dekorieren und nach Belieben mit etwas mariniertem Blattsalat ausgarnieren.

Für 4 Personen

400 g Lachs ohne Haut
Meersalz, Pfeffer aus der Mühle
Abrieb von 1 Limone
Olivenöl
2 hart gekochte Eier
1 EL Butter
5 Zweige Thymian
8 TL Kaviar

Vinaigrette:
1 Tomate
2 EL Champagner-Essig
2 EL Pflanzenöl
4 EL Olivenöl
Zitronensaft
Cayennepfeffer
Zucker
Schnittlauch, fein geschnitten
1 Prise Salz

Blattsalate für die Garnitur
etwas helles Balsamico-Dressing,
siehe Grundrezept

15

T-Bone-Steak

1. Die Pfefferkörner im Mörser oder mit dem Boden einer schweren Pfanne grob zerdrücken. Die Steaks salzen und den Pfeffer mit den geschnittenen Kräutern in das Fleisch einreiben.

2. Die Grillpfanne mit wenig Olivenöl einfetten und die Steaks nach Belieben auf jeder Seite ca. 6–8 Minuten braten. Vor dem Servieren kurz ruhen lassen.

Für 4 Personen

ca. 30 ganze schwarze Pfefferkörner
4 T-Bone-Steaks à 250 g
Meersalz
4 Zweige Rosmarin, fein geschnitten
4 Zweige Thymian, fein geschnitten
4 Zweige Salbei, fein geschnitten
Olivenöl

Ein Steak (und jedes andere große Stück Fleisch) sollte nach dem Braten kurz ruhen.

Kartoffel-Gnocchi

1. Die Kartoffeln in der Schale mit Kümmel und Salz aufsetzen und weich kochen. Dann abschütten, schälen und gut ausdämpfen lassen. Die Kartoffeln durch eine Kartoffelpresse drücken, Mehl, Grieß, Eigelbe, Salz und Muskat zugeben und gut durchmengen.

2. Aus der Kartoffelmasse kleine Gnocchi formen. Diese in leicht siedendem Salzwasser garen. Dann in Eiswasser abschrecken und abtropfen lassen.

3. Vor dem Anrichten in Butter oder Olivenöl mit Thymian anschwenken.

Für 4 Personen

500 g Kartoffeln, mehlig kochend
Kümmel
Meersalz
90 g Mehl
10 g Grieß
2 Eigelb
Muskat
etwas Butter oder Olivenöl
3 Zweige Thymian

Kartoffel-Gnocchi sind auch eine Super-Beilage zu Fleischgerichten mit viel Sauce — wie zum Ossobuco von S. 57.

Schaschlik von
Jakobsmuscheln

1. Die Zucchini waschen, putzen und leicht schräg in 1 cm dicke Scheiben schneiden. Dann abwechselnd mit den Jakobsmuscheln auf Holzspieße stecken.

2. Die abgezupften Korianderblätter in feine Streifen schneiden. Mit Zitronensaft und den restlichen Gewürzen zu einer Marinade verarbeiten. Die Spieße mit der Marinade übergießen und etwa 20 Minuten ziehen lassen.

3. Die Spieße in einer Pfanne mit etwas Olivenöl von jeder Seite ca. 2–3 Minuten anbraten, leicht salzen, auf Küchenpapier abtropfen lassen und vor dem Servieren mit der Marinade noch einmal glasieren.

Für 4 Personen

3 – 4 kleine Zucchini
24 kleine Jakobsmuscheln, ausgelöst
4 Zweige Koriander
3 EL Zitronensaft
¼ TL gemahlener Koriander
¼ TL grob gemahlener roter Pfeffer
¼ TL Currypulver
Olivenöl
Meersalz

Ein leichtes Sommeressen, das auch noch blitzschnell geht — perfekt, um mit viel Effekt und minimalem Stress die Liebste zu bekochen.

Currywurst

1. Das Currypulver im Olivenöl leicht rösten. Mit dem Tomatensaft ablöschen und 10 Minuten einköcheln lassen. Ahornsirup, Honig, Ketchup und Barbecue-Sauce hinzufügen, nochmals aufkochen und mit Salz, Zucker, Cayennepfeffer und einem Spritzer Zitronensaft kräftig abschmecken.

2. Die Kalbsbratwürste in einer Pfanne in etwas Pflanzenöl von allen Seiten goldgelb anbraten und auf Küchenpapier abtropfen lassen. Die Würste in 2 cm breite Stücke schneiden, mit der Currysauce übergießen und mit Currypulver bestäuben. Mit etwas Purple Curry Pulver garnieren.

Für 4 Personen

Sauce:
20 g Currypulver
3 EL Olivenöl
100 ml Tomatensaft
5 EL Ahornsirup
1 EL Honig
200 ml Ketchup
100 ml Barbecue-Sauce
Meersalz, Zucker
Cayennepfeffer
Zitronensaft

4 Kalbsbratwürste
Pflanzenöl
Currypulver zum Bestäuben
Purple Curry Pulver (erhältlich
    über Ingo Holland)

Fastfood! Selbstgemachte Currysauce zu richtig guten Bratwürsten —
da kann kein Imbiss mithalten.

Dönerfleisch
vom Lamm

1. Das Lammfleisch in 2 cm große Würfel schneiden. Die Kartoffeln schälen und ebenfalls in 2 cm große Würfel schneiden. Zwiebeln, Knoblauch und Paprika schälen. Die Paprika vom Kerngehäuse befreien und alles in feine Streifen schneiden.

2. In einer Pfanne die Fleisch- und Kartoffelwürfel in etwas Pflanzenöl scharf anbraten. Mit Salz und Pfeffer würzen, dann aus der Pfanne nehmen.

3. In der Pfanne Zwiebeln, Knoblauch und Paprika kurz anbraten, die Gewürze, das Fleisch und die Kartoffeln wieder dazugeben. Mit Kokosmilch und Gemüsebrühe auffüllen und ca. 30 Minuten leicht köcheln lassen. Dann die Linsen dazugeben und noch für weitere ca. 15 Minuten alles zusammen weich kochen. Mit Curry, Salz, Pfeffer und Limettensaft kräftig abschmecken.

4. Das Fladenbrot erwärmen und das Dönerfleisch darin anrichten. Mit Limettenzesten (abgeschälte Streifen der Schale) garnieren.

Tipp: Am Vorabend doppelte Menge vom Currylamm zubereiten und mit Reis servieren. Am nächsten Tag einfach Linsen zum Rest zugeben und als Snack anrichten.

Für 4 Personen

800 g Lammkeule, pariert,
    ohne Haut und Sehnen
400 g Kartoffeln, festkochend
300 g Zwiebeln
4 Knoblauchzehen
2 rote Paprikaschoten
Pflanzenöl
Meersalz, Pfeffer aus der Mühle
1 Msp. Zimt
3 Nelken
3 EL Kokosmilch
250 ml Gemüsebrühe,
    siehe Grundrezept
100 g rote Linsen
2 EL Currypulver
Saft und Zesten von 1 Limette

1 Fladenbrot mit Sesam, geviertelt

Ratzfatz ein köstlicher Snack auf die Hand? Das Döner-Sandwich lässt sich gut vorbereiten.

Fisch und Chips

Bierteig:
125 g Mehl
250 ml Weizenbier
50 g Sesam
10 g Mohn
1 TL Meersalz

Kartoffelchips:
1 Kartoffel, festkochend
1 lila Kartoffel
1 kleine Süßkartoffel
Pflanzenöl zum Frittieren
Meersalz

Petersilien-Vanillesauce:
200 g glatte Petersilie
Meersalz, Zucker
150 ml Sahne
Mark von 2 Vanilleschoten
1 Schalotte, fein gewürfelt
50 ml Milch
Pfeffer aus der Mühle

750 g Rotbarschfilet ohne Haut,
    entgrätet
Meersalz, Pfeffer aus der Mühle
Pflanzenöl zum Frittieren

1. Aus Mehl, Bier, Sesam, Mohn und Salz einen sämigen Teig zubereiten und kalt stellen.

2. Für die Chips die Kartoffeln schälen und mithilfe eines Hobels in feine Scheiben schneiden. In einem Topf mit dem heißen Pflanzenöl nach und nach goldgelb frittieren, auf Küchenpapier abtropfen lassen und leicht salzen. An einem warmen trockenen Ort aufbewahren.

3. Für die Sauce die Petersilie waschen und in Salz-Zucker-Wasser kurz blanchieren, anschließend sofort in etwas Eiswasser abschrecken und trockentupfen.

4. Die Sahne mit dem Vanillemark und den Schalotten aufkochen und langsam bei mittlerer Hitze um ein Drittel einkochen. Petersilie und Milch dazugeben, einmal aufkochen und in einem Mixer fein pürieren. Durch ein Sieb passieren und mit Salz, Zucker und etwas Pfeffer abschmecken.

5. Die Rotbarschfilets in Portionsstücke schneiden, mit Salz und Pfeffer würzen. Durch den Bierteig ziehen und in 160 °C heißem Pflanzenöl goldgelb frittieren, auf Küchenpapier abtropfen und leicht salzen.

6. Die Sauce auf vorgewärmten Tellern verteilen. Die gebackenen Fischfilets darauf setzen und mit den Kartoffelchips garnieren.

Wer hat's erfunden? Zugegeben, eigentlich die Engländer. Hier mein ganz persönliches Rezept.

Fleischpflanzerl
vom Kaninchen

1. Die Sahne leicht erwärmen und über das Weißbrot geben.

2. Die Zwiebel mit dem Knoblauch in einer Pfanne mit etwas Olivenöl anschwitzen. Den Speck dazugeben und leicht anbraten.

3. Den Kaninchenrücken in grobe Würfel schneiden und mit der angeschwitzten Zwiebelmasse vermengen, dann durch den Fleischwolf zu Hackfleisch verarbeiten. Anschließend das eingeweichte Brot ebenfalls durch den Fleischwolf drehen und mit dem Hackfleisch vermengen. Die Petersilie waschen und mit dem Salbei und Rosmarin fein schneiden. Die Hackfleischmasse mit den Kräutern, Senf, Ketchup und den Eiern vermengen, mit Salz und Pfeffer kräftig abschmecken.

4. Aus der Masse 8 Fleischpflanzerl formen und langsam in Olivenöl anbraten. Wenn sie fast gar sind, die Butter und die Thymianzweige dazugeben und die Fleischpflanzerl mehrmals mithilfe eines Löffels damit übergießen. Vor dem Servieren auf Küchenpapier abtropfen lassen.

Für 4 Personen

125 ml Sahne
100 g Weißbrot
1 kleine Zwiebel, fein gewürfelt
1 Knoblauchzehe, fein gewürfelt
Olivenöl
100 g Bauchspeck, fein gewürfelt
400 g Kaninchenrücken, ausgelöst,
  pariert, ohne Haut und Sehnen
5 Stiele Petersilie
1 Zweig Salbei
1 Zweig Rosmarin
1 EL Senf
1 EL Ketchup
2 Eier
Meersalz, Pfeffer aus der Mühle
1 EL Butter
5 Zweige Thymian

Wer will schon abgepacktes Hackfleisch? Für die Fleischpflanzerl drehen wir unser Fleisch selbst durch den Wolf.

WICHTIGSTE ZUTAT

ZU EINEM GELUNGENEN ESSEN SIND DIE GÄSTE. Frage Nummer eins ist deshalb: Was essen sie gern, was essen sie nicht? Im Zweifelsfall besser nachhaken als danebenliegen. Besonders kommunikativ ist es, gemeinsam in der Küche zu werkeln mit einem Bier oder einem Glas Wein. Wenn in der Küche kein Platz ist, sollte das Essen so vorbereitet sein, dass nur noch garniert werden muss. Schließlich will ich mich ja um die Freunde kümmern.

VERBINDEN
WENN FREUNDE
ZU BESUCH KOMMEN

MAL MESSERSCHARF ANALYSIERT: MIT BILLIGEM SCHNEI-
DEGERÄT SPART MAN AM ENDE NICHT EINEN CENT UND IST IN
DER KÜCHE STÄNDIG GENERVT. Schon mit wenigen Messern
haben Sie eine perfekte Grundausstattung – am besten gute
Stahlmesser aus deutscher Markenproduktion. Schneiden Sie
damit aber bitte nur auf Holzbrettern, niemals auf Plastik oder
Glas. Und lassen Sie Ihre Messer regelmäßig vom Fachmann
schleifen – nicht erst, wenn sie hoffnungslos stumpf sind.

Santokumesser: Japanische Allzweckwaffe für Fleisch, Fisch und Gemüse. Bei Kullenschliff (Querrillen in der Klinge) bleibt das Schnittgut nicht an der Klinge kleben.

Gemüsemesser: Mit breiter Klinge perfekt zum Schneiden von Gemüse, Pilzen, Obst und Kräutern.

Ausbein- oder Auslösemesser: Häutet Fleisch und Geflügel und löst Fleisch vom Knochen durch eine schmale, leicht gebogene Klinge.

Sägemesser: Schneidet Brot, filetiert Fisch und kommt auch mit hartem Gemüse gut zu Rande.

Filetiermesser: Mit langer schmaler und flexibler Klinge ideal zum Parieren von Fleisch, Filetieren von Fisch und Portionieren von Lebensmitteln.

Officemesser: Auch „Kneipchen" oder „Hümmeken" genannt. Mit der kurzen geraden Klinge lassen sich Kartoffeln und Äpfel schälen, Tomaten entkernen, Pilze putzen und Gemüse schneiden.

Tourniermesser: Die kurze gebogene Klinge wird meist zum Schälen benutzt, bringt aber auch Gemüse und Obst in Form.

Carne Cruda
mit Schwerter Senf und Wachtelei

Für 4 Personen

Carne Cruda:
350 g Kalbsfilet
1 TL Olivenöl
Abrieb von 1 Limone
Meersalz, Pfeffer aus der Mühle
4 Wachteleier
Blattgold

Senfmayonnaise:
100 g Schwerter Senf (scharf)
1 Eigelb
1 EL Champagner-Essig
Saft von 1 Zitrone
1 EL Wasser
1 TL Zucker
1 Schalotte, fein gewürfelt
1 TL Kapern
2 Cornichons, fein gewürfelt
200 ml mildes Olivenöl
Meersalz, Pfeffer aus der Mühle

Salat:
30 g Lollo rosso
30 g Radicchio
20 g Friséesalat
20 g Rucola
helles Balsamico-Dressing,
    siehe Grundrezept

1. Das Kalbsfilet von Haut und Sehnen befreien und in feine Würfel schneiden. Mit Olivenöl, Limonenabrieb, Meersalz und Pfeffer würzen und kalt stellen.

2. Für die Senfmayonnaise alle Zutaten außer dem Olivenöl in einen Mixer geben und fein mixen. Nach und nach das Olivenöl einlaufen lassen, bis die Sauce leicht dicklich ist. Mit Salz und Pfeffer abschmecken.

3. Das Kalbstatar in der Mitte des Tellers anrichten. Eine kleine Mulde in das Tatar drücken. Die Wachteleier trennen und jeweils ein Eigelb in die Mulde gleiten lassen und das Wachteleigelb mit Blattgold belegen. Die Salate putzen, mischen und mit dem Dressing anmachen. Dann neben dem Tatar anrichten. An den Seiten die Senfmayonnaise angießen.

Kartoffelpfanne
mit Chorizo und Paprika

1. Die Kartoffeln schälen und in 1 cm große Würfel schneiden. Zwiebeln, Knoblauch und Paprika schälen. Die Paprika vom Kerngehäuse befreien und in feine Streifen schneiden, die Zwiebeln in kleine Würfel und den Knoblauch ebenfalls in feine Scheiben schneiden. Die Chorizo längs halbieren und in 0,5 cm breite Stücke, den Serranoschinken in feine Streifen schneiden.

2. In einer Pfanne etwas Olivenöl mit einem Stich Butter erhitzen und die Kartoffelwürfel langsam bei mittlerer Hitze darin goldgelb braten. Die Würfel auf Küchenpapier abtropfen lassen, das Gemüse in der Pfanne kurz anschwitzen, herausnehmen und die Chorizo mit dem Serranoschinken kross anbraten. Alles zusammen noch heiß in eine Schüssel geben, mit Petersilie, Salz und Pfeffer würzen.

3. Die Eier mit der Sahne verquirlen, salzen und daraus ein leichtes Rührei zubereiten.

4. Das Rührei mit einem Ring in der Mitte der Teller platzieren. Die Kartoffel-Wurst-Schinken-Mischung darauf anrichten und mit etwas Olivenöl beträufeln.

Für 4 Personen

500 g Kartoffeln, festkochend
2 mittelgroße Zwiebeln
4 Knoblauchzehen
1 rote Paprikaschote
1 grüne Paprikaschote
150 g Chorizo
60 g Serranoschinken
Olivenöl
1 EL Butter
4 Stiele glatte Petersilie,
    fein geschnitten
Meersalz, Pfeffer aus der Mühle
4 Eier
50 ml Sahne

Beefsteak Tatar

1. Das Rinderfilet mit einem großen Messer in feine Würfel schneiden, in eine Schüssel geben und diese in eine etwas größere Schüssel mit zerstoßenem Eis setzen.

2. Die restlichen Zutaten beifügen und gut vermengen. Mit Salz, Pfeffer und etwas Paprikapulver das Tatar würzig abschmecken. Zum Schluss kann man noch etwas zerstoßenes Eis beifügen; dadurch bekommt das Tatar einen festeren Biss und wird zugleich leichter und lockerer. Das Tatar in vier Formen pressen und nach Wunsch mit Kräutern oder etwas Wildkräutersalat garnieren.

Für 4 Personen

1 Schalotte, fein gewürfelt
10 Kapern, fein gewürfelt
2 Cornichons (französische Essig-
    gürkchen), fein gewürfelt
400 g mageres Rinderfilet, pariert,
    ohne Haut und Sehnen
15 grüne Pfefferkörner
2 Eigelb
1 TL Senf
1 EL Ketchup
5 EL Olivenöl
1 EL Schnittlauch, fein geschnitten
1 EL Petersilie, fein geschnitten
1 Spritzer Zitronensaft
1 Spritzer Tabasco
Meersalz, Pfeffer aus der Mühle
etwas Paprikapulver
Kräuter oder Wildkräutersalat zum
    Garnieren

Wetzen Sie Ihr Kochmesser, hier kommt rohes Fleisch!

MESSER MÜSSEN IMMER SCHARF SEIN – DAS IST DAS A UND O. Und was man damit macht, sagt ja schon der Name „Schneidwerkzeuge": Schneiden – nicht hacken oder quetschen! Wir bewegen das Messer also immer mit viel Gefühl und wenig Kraft. Die Klinge wird dabei sanft geführt und kann sich so den besten Weg durchs Schnittgut suchen.

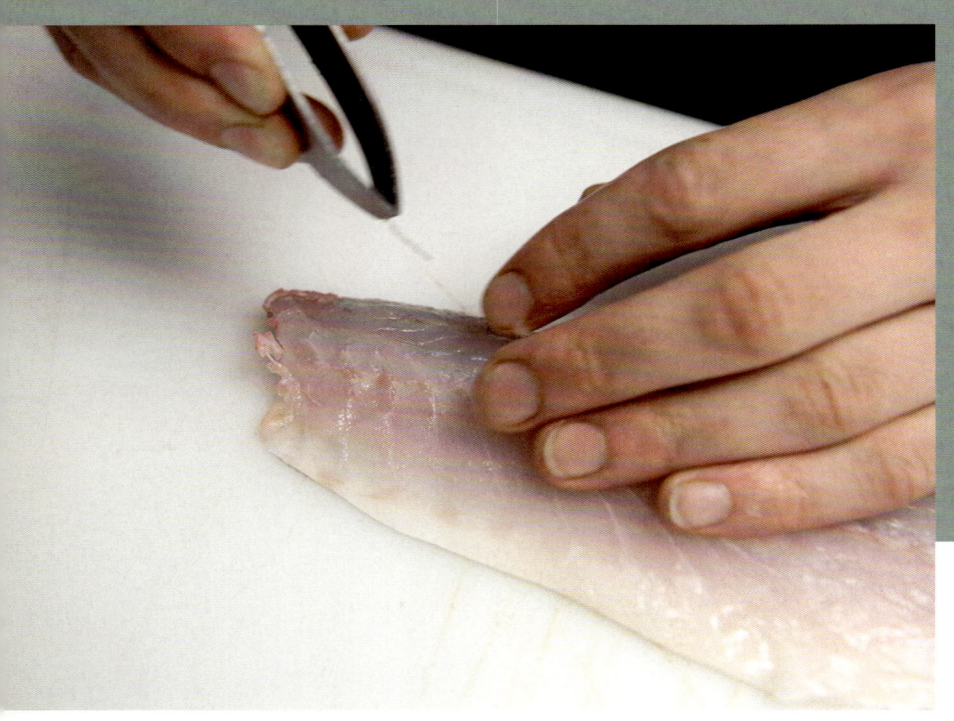

Fisch filetieren Mit dem Filetiermesser oder Sägemesser immer so schneiden, dass die Karkasse, also das Skelett des Fischs, als Führungsschiene dient. Dann verbleibende Gräten sorgfältig mit einer Pinzette oder Zange ziehen.

Tatar schneiden Mit dem Gemüsemesser ohne Kraft schön fein schneiden, so dass die Struktur des Fleischs — und damit auch das feine Aroma — erhalten bleibt. Schmeckt tausendmal besser als im Fleischwolf zerrieben!

Kräuter schneiden Mit einem scharfen Gemüsemesser schneiden. Nicht hacken, sonst treten die ätherischen Öle aus, Farbe und Geschmack gehen verloren.

Gemüse schneiden Pro Sorte immer in exakt gleich große Stücke schneiden, so dass alles gleichmäßig gar wird. Je kleiner die Stücke, desto kürzer die Garzeit und desto mehr Inhaltsstoffe bleiben erhalten.

Kräuterrahmsuppe

Für 4 Personen

Grundsuppe (ergibt ca. 1 Liter):
2 Zwiebeln
2 Knoblauchzehen
½ Knolle Sellerie
1 kleine Petersilienwurzel
1 EL Butter
5 Zweige Thymian
5 weiße Pfefferkörner
1 Lorbeerblatt
Meersalz
500 ml weißer Portwein
1 l Weißwein
1 l Geflügelfond, siehe Grundrezept
1 l Sahne
Pfeffer aus der Mühle
Cayennepfeffer
Zitronensaft

Kräuter:
100 g Sauerampfer
50 g Babyspinat
4 Stiele Petersilie
4 Stiele Basilikum
2 Stiele Estragon
1 kl. Bund Schnittlauch
1 kl. Bund Kerbel

1. Zwiebeln, Knoblauch, Sellerie und Petersilienwurzel schälen, in kleine Würfel schneiden und in einem Topf mit der Butter und den Gewürzen farblos anschwitzen. Leicht salzen und mit dem weißen Portwein auffüllen, alles bei mäßiger Hitze auf die Hälfte reduzieren. Mit dem Weißwein auffüllen und ebenfalls auf die Hälfte einkochen, dasselbe mit dem Geflügelfond sowie der Sahne wiederholen. Die Suppe mit Salz, Pfeffer, Cayennepfeffer und Zitronensaft gut abschmecken und durch ein feines Sieb passieren.

2. Die Kräuter waschen und gut auf Küchenpapier abtropfen lassen. Den Sauerampfer und den Spinat mit einem Teil der Suppe fein pürieren und durch ein Sieb streichen. Kurz vor dem Anrichten in die heiße Suppe geben und mit dem Pürierstab aufschäumen. Die restlichen Kräuter in feine Streifen schneiden, mischen und auf die Teller verteilen. Die heiße Suppe darübergießen und sofort servieren.

Marinierter Fenchel
mit Erbsenschoten und gebackenen Langostinos

1. Schalotten und Knoblauch in einem Topf mit etwas Olivenöl glasig anschwitzen, mit Tomatenfond auffüllen und den Safran zugeben. Den Sud 10 Minuten köcheln lassen, dann vom Herd nehmen und mit Salz, Pfeffer, Essig und Zitronensaft kräftig abschmecken.

2. Die Fenchelknollen mithilfe eines Hobels in 2 mm dünne Scheiben schneiden. 16 Scheiben davon zur Seite stellen, den Rest in die noch warme Safranmarinade geben. Der Fenchel sollte mindestens 3 Stunden in der Marinade ziehen.

3. Aus dem Mehl, Stärke, Weißwein, Salz, Cayennepfeffer und etwas Eiswasser einen Ausbackteig zubereiten. Ca. 30 Minuten ruhen lassen. Die Langostinos mit Salz und Zitronensaft würzen.

4. Die 16 Fenchelscheiben in Salz-Zucker-Wasser blanchieren, in Eiswasser abschrecken und auf Küchenpapier abtropfen lassen. Dann je einen Langostino in einer Fenchelscheibe einwickeln und mit Zahnstochern fixieren.

5. Die Erbsenschoten in etwas Olivenöl kurz anschwenken und mit Salz, Pfeffer und etwas Fenchelmarinade würzen.

6. Die eingewickelten Langostinos durch den Ausbackteig ziehen und in heißem Pflanzenöl goldgelb frittieren. Auf einem Küchenpapier abtropfen lassen und leicht salzen.

7. Die angeschwitzten Erbsenschoten mit dem marinierten Fenchel auf der Mitte des Tellers anrichten. Die gebackenen Langostinos darauf setzen und mit etwas Olivenöl garnieren.

Für 4 Personen

Marinierter Fenchel:
2 Schalotten, fein geschnitten
1 Knoblauchzehe, angedrückt
Olivenöl
500 ml Tomatenfond, siehe Grundrezept
1 Msp. Safranfäden
Meersalz, Pfeffer aus der Mühle
Champagner-Essig
Zitronensaft
2 Fenchelknollen
Zucker

Gebackene Langostinos:
50 g Mehl
50 g Speisestärke
3 EL Weißwein
Meersalz
Cayennepfeffer
16 Langostinos, vom Darm befreit
Zitronensaft
Pflanzenöl zum Ausbacken

Erbsenschoten:
100 g Erbsenschoten
Olivenöl
Meersalz, Pfeffer aus der Mühle
Fenchelmarinade (siehe oben)

Heringssalat „Buchholz"

Für 4 Personen

6 gesalzene Heringsfilets, grätenfrei
200 g gekochter Kalbstafelspitz
200 g Pellkartoffeln, abgezogen
1 Granny Smith Apfel
2 mittelgroße Schalotten,
   fein gewürfelt
etwas Olivenöl
40 g Cornichons

Gelbe Bete:
500 ml Apfelsaft
1 TL Kurkuma
1 Lorbeerblatt
1 TL Zucker
Meersalz, Pfeffer aus der Mühle
1 große Gelbe Bete

Salatmarinade:
40 ml kräftige Brühe vom Tafelspitz
1 EL Senf, 1 TL Honig
10 kleine Kapern, geschnitten
2 Sardellenfilets, geschnitten
50 ml kräftiges Olivenöl
2 EL weißer Balsamico-Essig
Meersalz, Pfeffer aus der Mühle
1 EL Blattpetersilie, fein geschnitten

Pochierte Eier:
3 EL weißer Balsamico-Essig
1 TL Salz
4 mittelgroße Bio-Eier

Blattsalat, Dillspitzen und Apfelspalten
   zum Garnieren

1. Die Heringsfilets, den gekochten Kalbstafelspitz und die Pellkartoffeln in ca. 5 mm große Würfelchen schneiden und in eine Schüssel geben. Den Apfel schälen, vom Kerngehäuse befreien und ebenfalls in ca. 5 mm große Würfel schneiden.

2. Die Schalotten in einer Pfanne in etwas Olivenöl glasig schwitzen. Die Cornichons fein würfeln und mit den angeschwitzten Schalotten in die Schüssel geben.

3. Aus dem Apfelsaft, Kurkuma, Lorbeerblatt, Zucker, Salz und Pfeffer einen kräftigen Fond herstellen. Die Gelbe Bete schälen, in 5 mm große Würfel schneiden und in dem Kurkumafond weich kochen. Danach den Fond in einen anderen Topf abgießen und auf die Hälfte einreduzieren lassen. Anschließend die Gelbe Bete wieder hineingeben und beiseite stellen.

4. Für die Salatmarinade alle Zutaten in einer Schüssel mit einem Schneebesen verrühren und mit Salz und Pfeffer abschmecken.

5. Den Heringssalat mit der Marinade vermischen und evtl. noch mit Salz und Pfeffer abschmecken. Den Salat mit einem Ring auf vier Teller verteilen, dann auf dem Salat die Gelbe Bete gleichmäßig verteilen.

6. Für die pochierten Eier 1 ½ l Wasser mit Essig und Salz zum Kochen bringen. Die Eier nacheinander in einer Suppenkelle oder Tasse aufschlagen und vorsichtig ins Wasser gleiten lassen. Das Wasser am Siedepunkt halten, jedoch darf es nicht mehr kochen. Die Eier 3 – 4 Minuten pochieren, dann mit einer Schaumkelle herausnehmen, abtropfen lassen und auf der Gelben Bete anrichten. Je nach Belieben mit etwas Blattsalat, Dillspitzen und Apfelspalten garnieren.

Auch wenn mein Heringssalat wie ein Kunstwerk aussieht, heißt das noch lange nicht, dass er kompliziert zuzubereiten ist.

Tatar von Pfifferlingen
mit Artischocken und grünem Spargel

Für 4 Personen

Pfifferlingstatar:
450 g kleine Pfifferlinge
Olivenöl
1 Schalotte, in kleine Würfel geschnitten
1 hart gekochtes Ei, in kleine Würfel
   geschnitten
1 EL fein geschnittener Schnittlauch
Meersalz, Pfeffer aus der Mühle
Zucker
Himbeer-Essig
1 Spritzer Zitronensaft

Artischocken:
4 Artischocken
Saft von 2 Zitronen
Meersalz, Pfeffer aus der Mühle
Zucker
Balsamico-Essig
Olivenöl
1 Stiel Petersilie, fein geschnitten

Spargel im Tempurateig:
8 Stangen grüner Spargel
Meersalz, Zucker
1 EL Mehl
2 EL Speisestärke
2 EL Weißwein
1 TL geröstetes Sesamöl
Abrieb von ½ Zitrone
Cayennepfeffer
Pflanzenöl zum Frittieren

Salat, dunkler Balsamico-Essig und
   Olivenöl zum Garnieren

1. Für das Pfifferlingstatar die Pilze mit einem trockenen Tuch abreiben, bis sie sauber sind. Dann die Pilze je nach Größe halbieren oder vierteln und bei starker Hitze 2–3 Minuten mit etwas Olivenöl anbraten. Die Schalotte in einer Pfanne mit etwas Olivenöl glasig anschwitzen. Pilze und Schalotte mit dem Ei und dem Schnittlauch vorsichtig in einer Schüssel vermengen. Mit Salz, Pfeffer, Zucker, Himbeer-Essig und Zitronensaft kräftig abschmecken.

2. Die Artischocken von Stiel und Blättern befreien, mit einem Löffel das Heu (die inneren Haare) ausschaben, dann mit etwas Zitrone einreiben, so dass sie nicht braun werden. Die fertig geputzten Böden in Salzwasser ca. 10 Minuten leicht köcheln. Dann herausnehmen, in kleine Spalten schneiden und mit Salz, Pfeffer, Zucker, Zitronensaft, Balsamico-Essig, Olivenöl und Petersilie würzen.

3. Den Spargel von den holzigen Enden und harten Stellen an den Seiten befreien, in 10 cm lange Stücke schneiden und in Salz-Zucker-Wasser ca. 6 Minuten blanchieren, in Eiswasser abschrecken und auf Küchenpapier abtropfen lassen.

4. Für den Tempurateig das Mehl mit den restlichen Zutaten zu einem glatten, nicht zu dünnen Teig verarbeiten. Kurz vor dem Anrichten den Spargel durch den Teig ziehen und 2 Minuten bei 180 °C in etwas Pflanzenöl frittieren.

5. Das warme Pilztatar mithilfe eines Ringes in der Mitte der Teller locker anrichten, die Artischockenspalten um das Tatar legen und den gebackenen Spargel dekorativ auf das Tatar legen. Mit etwas Salat, Balsamico-Essig und Olivenöl garnieren.

Vegetarisches gilt als Inbegriff weiblicher Mäßigung. Dabei gibt's auch Gerichte zum Schlemmen!

Dreierlei vom Lachs
auf mariniertem Tomatencarpaccio

Für 4 Personen

Lachstatar und frischer Räucherlachs:
400 g frischer Lachs
Meersalz, Pfeffer aus der Mühle
Zucker, Olivenöl
Abrieb von einer Zitrone
2 Stiele Dill, fein geschnitten
60 g Räuchermehl
4 Wacholderbeeren, 1 Lorbeerblatt

200 g gebeizter Lachs,
    siehe Grundrezept

Tomatencarpaccio:
3 Flaschentomaten
3 Fleischtomaten
1 Schalotte, fein gewürfelt
Olivenöl
Meersalz, Pfeffer aus der Mühle
Zucker
Saft von 1 Zitrone
heller Balsamico-Essig
1 Stiel Basilikum

Garnitur:
1 Handvoll Shisokresse
1 Handvoll gemischte Blattsalate
helles Balsamico-Dressing,
    siehe Grundrezept
4 eingelegte Kirschtomaten,
    siehe Grundrezept
dunkler Balsamico-Essig

1. Den frischen Lachs von Gräten, Haut und Tran befreien. Aus dem Filet vier gleich große Würfel von je ca. 50 g herausschneiden, den Rest für das Tatar fein schneiden. Das geschnittene Lachstatar mit Salz, Pfeffer, einer Prise Zucker, Olivenöl, Zitronenabrieb und Dill kräftig abschmecken und kalt stellen.

2. Die vier Lachswürfel mit Salz und Pfeffer würzen, das Räuchermehl mit den Wacholderbeeren und dem Lorbeerblatt im Räucherofen erhitzen und die Lachswürfel auf einem Gitter 10 Minuten darin räuchern. Anschließend mit etwas Olivenöl beträufeln und bis zur Weiterverarbeitung kalt stellen.

3. Den gebeizten Lachs von Haut und Tran befreien und ebenfalls in vier gleich große Würfel schneiden.

4. Für das Carpaccio alle Tomaten in kochendem Wasser blanchieren, in Eiswasser abschrecken und die Haut abziehen. Die Schalotte in etwas Olivenöl glasig anschwitzen. Die Fleischtomaten vierteln, das Kerngehäuse entfernen und separat in eine kleine Schüssel geben. Die Tomatenfilets in kleine Würfel schneiden, das Kerngehäuse mit einem Stabmixer leicht pürieren und mit den Schalotten, Salz, Pfeffer, Zucker, Olivenöl, Zitronensaft und hellem Balsamico-Essig kräftig abschmecken.

5. Die Flaschentomaten in feine Scheiben schneiden, auf ein flaches Blech legen, mit den Tomatenwürfeln und der Marinade übergießen. 5–6 Scheiben von den marinierten Tomaten der Reihe nach in die Mitte der Teller legen, noch mal leicht salzen und mit dem in feine Streifen geschnittenen Basilikum garnieren.

6. Auf dem Carpaccio die drei Lachsvarianten anrichten und je eine mit etwas Shisokresse, eine mit etwas marinierten Blattsalaten und eine mit einer eingelegten Kirschtomate dekorieren. Mit etwas Olivenöl und dunklem Balsamico garnieren.

Selber Räuchern liegt voll im Trend. Dagegen ist abgepackter Billigst-Zuchtlachs aus dem Supermarkt echter Murks.

Pappardelle
mit Hasenragout,
Rosmarin und Chili-Schokolade

Für 4 Personen

Nudelteig, siehe Grundrezept
etwas Nudelgrieß zum Ausrollen
Meersalz

Hasenragout:
50 g Speck, fein geschnitten
1 mittelgroße Karotte, fein gewürfelt
1 kleine Sellerieknolle, fein gewürfelt
3 große Schalotten, fein gewürfelt
70 g frische Tomaten
200 g Hasenfleisch
2 Lorbeerblätter
2 Zweige Rosmarin
Meersalz, Pfeffer aus der Mühle
200 ml Weißwein
100 ml Geflügelfond,
    siehe Grundrezept
20 g Chili-Schokolade
150 g Grana Padano-Käse,
    frisch gerieben

1. Den Nudelteig auf eine Stärke von 2 mm ausrollen. Dann in ca. 2 cm breite und 10 cm lange Streifen schneiden. Auf ein mit Nudelgrieß bestreutes Backblech legen und mit einem Küchentuch abdecken.

2. Für das Ragout den Speck in einem Topf andünsten, Karotte, Sellerie und Schalotten dazugeben und anrösten. Die Tomaten, das in Würfel geschnittene Hasenfleisch, Lorbeerblätter und Rosmarin dazugeben. Salzen und pfeffern, mit Wein und Geflügelfond auffüllen. Bei niedriger Hitze ca. 1 ½ Stunden langsam schmoren.

3. 3 – 4 Liter Salzwasser zum Kochen bringen. Die Pasta in das kochende Wasser geben und al dente (bissfest) kochen, abgießen und abtropfen lassen.

4. Kurz vor dem Anrichten die Chili-Schokolade unter das Hasenragout rühren, eventuell mit Salz und Pfeffer nachwürzen, mit der Pasta mischen und mittig auf den Tellern platzieren. Mit dem frisch geriebenen Grana Padano garnieren.

Idiotensichere Zubereitung — so ein Ragout gelingt immer.
Und mit Nudeln für Gäste liegt man nie daneben.

Frank's
Spicy Spareribs

1. Spareribs in ca. 5 cm breite Portionen zerteilen. Für die Würzmischung alle Zutaten vermengen. Die Rippchen damit bedecken und am besten über Nacht ziehen lassen.

2. Inzwischen die Marinade zum Bestreichen vorbereiten: Den Knoblauch mit Ketchup, Honig und Senf vermengen. In einer Grillpfanne die Ribs mit etwas Olivenöl anbraten und dann bei kleiner Hitze 20 – 30 Minuten braten. Dabei immer wieder wenden und mit der Marinade bestreichen.

TIPP: Eine andere würzige Marinade stelle ich aus 1 fein geschnittenen Knoblauchzehe, 100 ml Pflanzenöl und je 1 TL Senfkörnern, Cayennepfeffer, edelsüßem Paprikapulver, Koriandersamen, ½ TL Kreuzkümmel und Meersalz her (siehe auch Grundrezepte).

Für 4 Personen

1,5 kg Spareribs (über Nacht
    marinieren)

Würzmischung:
4 EL scharfes Paprikapulver
1 EL Meersalz
1 EL schwarzer Pfeffer
1 Knoblauchzehe, in feine Würfel
    geschnitten
1 EL brauner Zucker
1 TL Cayennepfeffer
Rosmarin
Thymian
Salbei

Marinade zum Bestreichen:
1 Knoblauchzehe, in feine Würfel
    geschnitten
½ Tasse Ketchup
2 EL Honig
2 EL grober Senf

Olivenöl zum Braten

Eine echte Grillparty braucht mehr als ein paar armselige Würstchen! Am Ende des Buchs verrate ich Ihnen meine besten Marinaden für Fleisch ...

WIE KANN ICH BEI KOLLEGEN UND KOLLEGINNNEN ODER SOGAR VORGESETZTEN AM BESTEN PUNKTEN? Ganz einfach: Indem ich bei Zutaten und Zubereitung keinen Aufwand scheue und sehr exakt arbeite. Aber nur Gerichte kochen, die man auch perfekt beherrscht! Und selbstverständlich gehört immer ein guter Wein dazu.

VERBLENDEN
WENN KOLLEGEN BEEINDRUCKT WERDEN WOLLEN

IM GRUNDE MUSS MANN SICH BEI FLEISCH NUR ZWISCHEN ZWEI ZUBEREITUNGSARTEN ENTSCHEIDEN: Will ich den Leckerbissen kurz und knackig bei relativ hoher Hitze braten oder langsam bei niedriger Temperatur garen? Auf jeden Fall würze ich immer vor der Zubereitung und ich brate Fleisch auch immer an – wegen der köstlichen Röstaromen.

Zum **Anbraten** empfehle ich eine beschichtete Pfanne und Olivenöl, das aber auf keinen Fall zu hoch erhitzt werden darf. Wenn es zu rauchen beginnt, ist es schon zu heiß! Ideal sind 180 °C; ein Küchenthermometer ist also keine schlechte Investition.

Ein **Steak** brate ich von jeder Seite ein paar Minuten bei 180 °C und parke es dann einige Minuten bei 60 °C. So kann sich der Fleischsaft setzen, das Fleisch gart nicht nach und es wird nicht kalt. Geschnetzeltes brate ich scharf an und lasse es dann langsam gar ziehen.

Große Fleischstücke wie Hochrippe, Wade oder Bauch werden sehr schonend und langsam gegart. Einen Schweinebauch lasse ich zum Beispiel zwölf Stunden bei 65 °C im Ofen, eine Hochrippe sogar 48 Stunden. So bleibt das Fleisch wunderbar saftig.

Und wenn's nicht gleich klappt mit dem perfekten Steak oder Braten: **Geduld!** Man muss sich mit den Produkten auseinandersetzen und ein Gefühl dafür entwickeln. Dabei darf ruhig auch mal was schiefgehen. Einfach nochmal probieren!

Côte de bœuf

1.   Das Fleisch sollte zum Braten Zimmertemperatur haben. Fleisch mit 2 EL gestoßenem Pfeffer einreiben. In einem großen Bräter in heißem Olivenöl erst auf der Fettseite, dann auf allen anderen Seiten anbraten.

2.   Den Bräter in den auf 210 °C vorgeheizten Ofen schieben. Etwa 10 Minuten braten. Dann den Ofen auf 175 °C herunterschalten und das Fleisch weitere 1,5 Stunden garen. Es sollte innen noch rosa sein. Während der Bratzeit zweimal mit dem Senf bestreichen.

3.   Aus dem Ofen nehmen und zugedeckt noch ca. 10 Minuten ruhen lassen. Das Fleisch aufschneiden, mit grobem Salz und dem restlichen Pfeffer bestreuen.

Für 10 Personen

2,5 kg küchenfertiges Rippenstück
    vom Ochsen (mit Fettdeckel)
4 EL schwarzer Pfeffer, grob zerstoßen
Olivenöl
4 – 5 EL mittelscharfer Senf
grobes Meersalz

Ossobuco

1. Die Kalbshaxenscheiben mit Salz und Pfeffer würzen, in Mehl wenden. Von beiden Seiten in einer Schmorpfanne mit Olivenöl anbraten und aus der Pfanne nehmen.

2. Karotten und Sellerie schälen und würfeln, die Tomaten vierteln. Die Schalotten in der Pfanne mit etwas Olivenöl glasig anschwitzen, das Gemüse dazugeben und mitrösten, dann den Rosmarin und das Lorbeerblatt hinzufügen. Das Tomatenmark ebenfalls kurz mitrösten, dann mit Weißwein und Kalbsfond auffüllen und für 5 Minuten leicht köcheln lassen. Das Fleisch wieder dazugeben und abgedeckt bei 180 °C im Backofen 1,5 Stunden schmoren.

3. Kurz vor Ende der Garzeit Kapern, Sardellen und Zitronen- und Orangenabrieb dazugeben. Am Ende der Schmorzeit das Fleisch herausnehmen, die Sauce durch ein Sieb passieren und zur gewünschten Konsistenz reduzieren lassen. Das Fleisch vor dem Servieren in der Sauce erwärmen und mit Petersilie bestreuen.

Für 4 Personen

8 Kalbshaxenscheiben (Mittelstücke)
Meersalz, weißer Pfeffer aus der Mühle
2 EL Mehl
Olivenöl
1 Karotte
1 Staudensellerie
4 Tomaten
2 Schalotten, fein geschnitten
1 Zweig Rosmarin
1 Lorbeerblatt
1 EL Tomatenmark
100 ml trockener Weißwein
250 ml Kalbsfond,
   siehe Grundrezept
2 EL Kapern
2 Sardellenfilets
Abrieb von je 1 Zitrone und Orange
3 EL Petersilie, fein geschnitten

Gefüllter Poulardenflügel
auf Rahmspargel

Für vier Personen

Poulardenflügel:
8 Poulardenflügel
8 geschälte Riesengarnelen
Meersalz, Pfeffer
gemahlener Koriander
Pflanzenöl

Rahmspargel:
500 ml Geflügelfond, siehe Grundrezept
je 300 g geschälter weißer und grüner
   Spargel
1 TL Mehlbutter, siehe Grundrezept
250 ml Sahne
Meersalz, Pfeffer
1 Prise Zucker
1 Prise Cayennepfeffer
½ Bund Schnittlauch, in Röllchen
   geschnitten

Krustentiersauce:
250 ml Scampifond, siehe Grundrezept
250 ml Sahne

etwas Kerbel für die Dekoration

1. Backofen auf 200 °C vorheizen. Die Poulardenflügel bis zum Gelenk entbeinen, die Spitze komplett lassen. Die Garnelen mit Salz, Pfeffer und Koriander würzen. Je eine Garnele in einen entbeinten Flügel stecken, dann die Flügel salzen. Etwas Pflanzenöl in einem Bräter erhitzen und die Flügel darin von beiden Seiten goldgelb anbraten, dann 3 – 4 Minuten im Ofen garen.

2. Den geschälten Spargel in ca. 5 mm dicke Scheiben schneiden und den Geflügelfond zum Kochen bringen, den Spargel kurz darin kochen, dann herausnehmen und in Eiswasser abschrecken. Den Fond auf ein Drittel einkochen. Mit Mehlbutter binden, etwa 1 Minute sprudelnd kochen lassen. Sahne und Spargel zufügen (einige Spargelspitzen für die Garnitur beiseite legen). Mit Salz, Pfeffer, Zucker und Cayennepfeffer abschmecken. Mit Schnittlauchröllchen bestreuen.

3. Für die Krustentiersauce den Scampifond mit der Sahne einkochen lassen.

4. Den Rahmspargel in der Mitte des Tellers anrichten, die Poulardenflügel darauf setzen, mit der aufgeschäumten Krustentiersauce umgießen und mit Kerbelblättchen und Spargelspitzen garnieren.

Tipp: Surf and Turf wird die Kombination von Meeresfrüchten mit Fleisch genannt. In Steakhäusern gibt's unter diesem Namen meist Garnelen und Steak.

Geflügel mit Überraschungseffekt: Surf and Turf mal anders

Rinderroulade
mit Bananenfüllung

Für 4 Personen

Rouladen (Füllung am Vortag vorbereiten):
80 ml heller Balsamico-Essig
5 g Safran
2 Bananen
4 Rinderrouladen
Meersalz, Pfeffer aus der Mühle
4 EL süßer Senf
4 Scheiben gekochter Schinken
40 g geröstete Pinienkerne

Sauce:
2 Karotten
1 kleiner Knollensellerie
2 Zwiebeln
3 EL Pflanzenöl
1 EL Tomatenmark
100 ml roter Traubensaft
200 ml Rotwein
300 ml Kalbsfond, siehe Grundrezept
Meersalz, Pfeffer aus der Mühle
150 g Crème fraîche

1. Am Vortag für die Füllung 200 ml Wasser mit dem Essig und den Safranfäden einmal aufkochen, dann am Herdrand 20 Minuten ziehen lassen. Die Bananen schälen und über Nacht in der Marinade einlegen. Dann aus dem Fond nehmen und auf Küchenpapier abtropfen lassen.

2. Das Rouladenfleisch in Folie legen und vorsichtig plattieren. Mit Salz und Pfeffer würzen, mit Senf bestreichen. Jede Roulade mit einer Scheibe Schinken und ein paar Pinienkernen belegen. Je eine halbe Banane auf eine Roulade legen. Die Rouladen rechts und links einschlagen, dann aufrollen und mit Zahnstochern fixieren.

3. Für die Sauce das Gemüse schälen und würfeln. Die Rouladen in einem Bräter mit etwas Öl von allen Seiten kräftig anbraten, dann wieder herausnehmen. Das Röstgemüse in den Bräter geben, Farbe nehmen lassen. Das Tomatenmark kurz mitrösten, dann mit dem Traubensaft ablöschen, mit Rotwein und Kalbsfond auffüllen. Das Ganze für 10 Minuten köcheln lassen, die Rouladen wieder dazugeben und abgedeckt im Backofen bei 160 °C ca. 45 Minuten schmoren.

4. Die Rouladen wieder herausnehmen, die Sauce fein pürieren und durch ein Sieb passieren. Nach Wunsch mit Salz und Pfeffer nachwürzen. Kurz vor dem Anrichten die Sauce mit der Crème fraîche verfeinern.

Ochsenschwanz
in der Kartoffelkruste

1. Für das Gewürz alle Zutaten im Mörser vermahlen.

2. Für das Ochsenschwanzragout die Fleischstücke salzen und pfeffern. Nun in Mehl wälzen, das überschüssige Mehl gut abklopfen. Die Ochsenschwanzstücke in einem Bräter in Sonnenblumenöl anbraten, das Öl abgießen und 1 EL Butter zufügen. Die Zwiebeln, Perlzwiebeln und Schalotten hineingeben. Im 200 °C vorgeheizten Backofen schmoren, bis die Zwiebeln zusammenfallen.

3. Das Tomatenmark mit etwas Olivenöl anschwitzen und auf den Zwiebeln verteilen. Alles mit dem restlichen Mehl bestäuben und im Ofen verkrusten lassen. Mit dem Madeira ablöschen und einkochen lassen. In 3 Etappen den Rotwein zugießen und jeweils einkochen lassen. Nach und nach so viel Wasser (oder Rinderfond) zugießen, wie für die Konsistenz der Sauce gewünscht wird. Das Gemüsebouquet einlegen. Im Ofen in weiterer 2 Stunden gar schmoren. Das Fleisch ablösen und in kleine Stücke zerteilen. Mit einem nassen Tuch bedecken, damit es nicht austrocknet.

4. Die Sauce eventuell leicht nachsalzen, etwas Schildkrötengewürz zugeben und am Herdrand etwa 15 Minuten durchziehen lassen. Noch einmal aufkochen, anschließend passieren, dabei die Zwiebeln nur leicht andrücken und die Fleischteile einlegen.

5. Steinpilze und Schalotten in 1 EL Butter anschwitzen. Die Pilze zum Ragout geben und die Petersilie untermengen.

6. Die Schweinenetze nebeneinander ausbreiten. Die Kartoffeln schälen und in dünne Scheiben hobeln. Kartoffelscheiben auf dem Schweinenetz als Rosette auflegen. Die fertige Füllung darauf streichen. Mit einer Kartoffelrosette bedecken. Das Schweinenetz hauchdünn darüber schlagen. Das Ganze 8 Minuten von jeder Seite bei mäßiger Hitze in Sonnenblumenöl goldbraun braten.

Für 4 Personen

Schildkrötengewürz:
50 schwarze Pfefferkörner
30 weiße Pfefferkörner
1 TL Koriandersamen
1 TL Senfkörner
1 kleiner Thymianzweig
3 Nelken
1 Msp. Kümmel
1 Msp. Fenchelsamen
1 Prise getrockneter Majoran
1 Prise getrockneter Oregano
1 Prise Curry

Ochsenschwanzragout:
1 Ochsenschwanz, etwa 1,5 kg, in Segmente zerlegt
Meersalz, Pfeffer aus der Mühle
1 – 2 EL Mehl
Sonnenblumenöl
2 EL Butter
250 g Zwiebeln, geviertelt
250 g Perlzwiebeln
2 Schalotten, fein gewürfelt
1 EL Tomatenmark
1 EL Olivenöl
125 ml Madeira
250 ml kräftiger Rotwein
500 ml Rinderfond (nach Wunsch)
1 Gemüsebouquet (1 Karotte, 1 Stangensellerie, ½ Stange Lauch, ½ Bund Petersilie, 1 Thymianzweig)
300 g Steinpilze, in Würfel geschnitten
½ Bund Blattpetersilie, fein geschnitten

Kartoffelkruste:
4 Schweinenetze, gut gewässert
8 festkochende Kartoffeln
4 EL Sonnenblumenöl

Golden Power

1.   Das Wadenfleisch durch den Fleischwolf drehen, mit Salz, Pfeffer und Zucker würzen. Die Zwiebel mit der Schale halbieren und die Schnittfläche in einer Pfanne mit wenig Öl anrösten. Fleisch und Zwiebel in ein Einweckglas mit Gummi füllen und mit der Rinderbrühe aufgießen. Das Glas verschließen und in einem Wasserbad im Ofen bei 100°C ca. 6 Stunden ziehen lassen.

2.   Das Hüftfleisch mit einem scharfen Messer in hauchdünne Scheiben schneiden und mit dem Messerrücken platt drücken. Den Boden eines Suppentellers damit flach auslegen. Mit Salz, Pfeffer, Zucker, Zitronensaft, Olivenöl, Pinienkernen, Rucola und Parmesanspänen garnieren.

3.   Die feine Rinderbrühe (Beeftea) aus dem Weckglas durch ein feines Sieb oder Papier passieren, erhitzen und das Blattgold einlegen. Den Beeftea im Weckglas separat zum Teller mit dem Carpaccio servieren und kurz vor dem Verzehr die Brühe über das garnierte Fleisch gießen.

Für 4 Personen

300 g Ochsenwade
Meersalz, Pfeffer aus der Mühle
Zucker
1 Zwiebel
Olivenöl
1,2 l Rinderbrühe
250 g Rinderhüfte
Saft von 1 Zitrone
50 g Pinienkerne
1 Bund Rucola
30 g Parmesan
2 Blatt Blattgold

Für Könner: ein Gericht mit Showeffekt, das Ihre Gäste nie vergessen werden

Gänsebraten
mit Kastanien

Für 4 Personen

300 g Esskastanien (Maroni)
4 Äpfel, geschält und fein gewürfelt
2 Zwiebeln, fein gewürfelt
2 Zweige Beifuß, fein geschnitten
2 Zweige Majoran, fein geschnitten
1 EL geriebene Schale
    von unbehandelter Orange
50 g Gänseschmalz
1 Gans (4,5 kg)
Meersalz, Pfeffer aus der Mühle
je 1 EL Butter und Zucker zum
    Karamellisieren
roter Port- und Rotwein nach
    Geschmack

1. Die Kastanien kreuzweise einschneiden, dann bei 150 °C im Backofen 10 Minuten braten und auskühlen lassen.

2. Äpfel, Zwiebel, Beifuß- und Majoranblätter mit der Orangenschale vermengen. Kurz in etwas Gänseschmalz anschwitzen.

3. Die Gans mit Salz und Pfeffer von innen und außen einreiben, mit der vorbereiteten Masse etwa zur Hälfte füllen. In die Gans nun eine kleine, leere Glasflasche (z.B. eine Wasser- oder Saftflasche von 0,25 l Inhalt) mit der schmalen Seite zum Hals hin, stecken. Die Gans zunähen und in einen passenden Bräter geben. (Die Flasche dient dazu, die Hitze gleichmäßig an die Innenseite der Keulen zu leiten. So wird das Fleisch schön gleichmäßig gar.)

4. Nun so viel Wasser angießen, dass der Boden etwa 1 cm hoch bedeckt ist. Im Backofen bei 200 °C so lange braten, bis das Wasser verdampft ist. Sobald Fett austritt, die Temperatur auf 180 °C reduzieren und etwa 1 Stunde braten. Dabei immer wieder mit dem Fett übergießen. Anschließend aus dem Ofen nehmen, an einem warmen Platz 30 Minuten ruhen lassen und nun bei 220 °C noch etwa 30 Minuten im eigenen Fett fertig braten.

5. Währenddessen die Kastanien schälen, die Butter in einem Topf erhitzen, Zucker darin karamellisieren, die Kastanien zugeben und glasieren. Mit Port- und Rotwein ablöschen und einkochen.

6. Die Gans vor dem Tranchieren erneut 10 Minuten ruhen lassen, die Fülle herausnehmen und in die Sauce legen. Die Gans tranchieren, mit der Sauce und der Fülle servieren.

Piccata vom Kalb
mit Steinchampignons

1. Die Pilze putzen, achteln und in einer Pfanne mit etwas Butter anschwitzen. Die Schalotte dazugeben und mit anschwitzen. Mit Salz und Pfeffer würzen, die Crème double zugeben und alles bei mittlerer Hitze ca. 5 Minuten leicht köcheln lassen. Die Sauce durch ein Sieb passieren und beiseite stellen. Die abgetropften Pilze mit der Petersilie mischen und die Pilzmasse kalt stellen.

2. Die Fleischscheiben zwischen zwei Folien dünn plattieren, mit Salz und Pfeffer würzen, mit der kalten Pilzmasse füllen und zu Taschen einschlagen.

3. Eier, Semmelbrösel und Parmesan zu einem glatten Teig verrühren. Die Fleischtaschen zuerst in etwas Mehl wenden, vorsichtig abklopfen und durch die Parmesan-Ei-Masse ziehen. In einer Pfanne mit Olivenöl und Butter die Piccata von beiden Seiten goldgelb anbraten.

4. Die Champignonsauce und die Kalbssauce erhitzen und mit dem Stabmixer aufschäumen. Die Piccata auf vorgewärmten Tellern anrichten und mit beiden Saucen überziehen.

Für 4 Personen

Pilzfüllung und –sauce:
150 g Steinchampignons
1 EL Butter
1 Schalotte, fein gewürfelt
Meersalz, Pfeffer aus der Mühle
300 g Crème double
etwas glatte Petersilie, in feine Streifen
    geschnitten

12 kleine Kalbschnitzel à 30 g
Meersalz, Pfeffer aus der Mühle

Panade:
6 ganze Eier
100 g Semmelbrösel
50 g Parmesan, frisch gerieben
2 EL Mehl
Olivenöl
1 – 2 EL Butter

5 EL Kalbssauce, siehe Grundrezept

UM RICHTIG LECKER ZU KOCHEN, REICHEN JE EIN GUTES OLIVEN- UND RAPSÖL VÖLLIG AUS – ergänzt noch um ein paar Lieblingsöle für Dressings, zum Beispiel Walnuss oder Traubenkern. Auf jeden Fall ist Qualität beim Öl für die Küche mindestens genauso lohnend wie beim Öl fürs Auto. Ansonsten: Einfach probieren und das Produkt kaufen, das Ihnen persönlich am besten schmeckt.

Beim Olivenöl kaufe ich ausschließlich natives Olivenöl extra. Das benutze ich zum Anbraten, zum Marinieren und für Dressings. Möchte ich ein Produkt höher erhitzen oder ein recht kräftiges Olivenöl geschmacklich etwas abmildern, gebe ich Rapsöl dazu.

Genial finde ich auch selbst gemachte Würzöle. Da kann sich jeder sein eigenes Sortiment zusammenstellen. Einfach Olivenöl mit Kräutern und/oder Gewürzen kurz auf 50 °C erhitzen, bei Zimmertemperatur abkühlen lassen und abseihen. Das funktioniert super mit sehr aromatischen Kräutern wie Rosmarin, Thymian, Lavendel, Chilischoten oder Pfeffer und hält sich zwei bis drei Monate.

Bei sehr zarten Kräutern wie Basilikum, Kerbel oder Estragon kann man das Olivenöl auch mit Rapsöl „verdünnen" oder das Grünzeug im Mixer mit gut gekühltem Öl und einem Spritzer Zitrone pürieren (danach unbedingt im Kühlschrank aufbewahren). Toll für Salate, Vorspeisen und Marinaden!

Kalbskutteln
in Weißburgunder mit Hummer-Tortelloni

Für 4 Personen

Nudelteig, siehe Grundrezept
1 Ei zum Bestreichen
etwas Nudelgrieß fürs Blech
Salz
1 EL Butter

Kutteln:
400 g Kalbskutteln, gekocht
2 Schalotten, fein geschnitten
1 EL Butter
1 Knoblauchzehe
1 Zweig Thymian
2 Stiele Petersilie
Meersalz, Pfeffer aus der Mühle
Saft von 1 Zitrone
200 ml Weißburgunder
250 ml Kalbsfond, siehe Grundrezept
250 ml Crème double
1 EL geschlagene Sahne
2 EL Champagner

Tortelloni-Füllung und Hummerscheiben:
2 bretonische Hummer, je ca. 500 g
Meersalz
200 g Wolfsbarschfilet (Loup de mer),
   ohne Haut und entgrätet
200 ml Sahne
Pfeffer aus der Mühle
etwas Zitronensaft
Wermuth
etwas Butter

1. Nudelteig herstellen und im Kühlschrank aufbewahren.

2. Die Kutteln in 2 mm feine Streifen schneiden. Die Schalotten in etwas Butter andünsten, Kutteln, Knoblauch, Thymian und Petersilie dazugeben und mit Salz, Pfeffer und Zitronensaft würzen. Bei kleiner Hitze einige Minuten köcheln, mit dem Weißburgunder ablöschen, langsam einkochen, den Kalbsfond angießen und fast vollkommen einkochen. Zum Schluss die Crème double einrühren und sämig verkochen. Vor dem Anrichten die Schlagsahne und den Champagner unterheben.

3. Für die Tortelloni-Füllung die Hummer kopfüber in kochendes Salzwasser geben und ca. 3 Minuten kochen, dann in Eiswasser abschrecken. Die Scheren abtrennen und für 4 Minuten weiter köcheln lassen. Dann auslösen und im Kochfond warm halten. Aus den noch rohen Hummerschwänzen vier 2–3 cm dicke Scheiben schneiden und beiseite stellen. Das restliche Schwanzfleisch mit dem Fleisch aus den Hummer-„Armen" in kleine Würfel schneiden.

4. Das Wolfsbarschfilet in Stücke schneiden, leicht salzen und im Mixer pürieren. Die kalte Sahne nach und nach dazugeben, zu einer homogenen Masse verarbeiten, durch ein Sieb streichen und mit Salz, Pfeffer, einem Spritzer Zitronensaft und Wermuth abschmecken. Dann die Hummerwürfelchen vorsichtig untermengen.

5. Den Nudelteig zu einem dünnen Rechteck ausrollen, mit verquirltem Ei bestreichen, die Füllung in 6 cm Abständen in nussgroßen Portionen auf dem Teig verteilen. In Quadrate schneiden, über Eck zusammenfalten, blasenfrei andrücken, die rechte und linke Ecke übereinander legen und auf einem Nudelgrieß bestreuten Blech etwa dreißig Minuten trocknen lassen. Kurz vor dem Anrichten etwa 2–3 Minuten in Salzwasser kochen und in einer Pfanne mit etwas Butter glasieren.

6. Für die Sauce die Karkassen zerkleinern und in etwas Olivenöl anbraten. Karotte, Sellerie, Lauch, Schalotten, Knoblauch und Lorbeerblatt dazugeben und anrösten. Tomaten und Tomatenmark unterrühren. Mit Madeira, Weinbrand und Weißwein ablöschen und die Flüssigkeit fast vollkommen einkochen. Mit dem Fischfond aufgießen, aufkochen und bei kleiner Hitze etwa 30 Minuten köcheln. Durch ein feines Sieb passieren, auf die Hälfte einkochen und mit der kalten Butter aufmontieren.

7. Vor dem Anrichten die vier Hummerscheiben salzen, pfeffern und in Butter drei Minuten bei milder Hitze im Ofen garen.

8. Die Kalbskutteln auf vorgewärmte Teller verteilen, Hummer-Tortelloni, Hummerscheren und Medaillons rundherum anrichten. Mit der Hummersauce und der Kalbssauce garnieren.

Sauce:
4 Hummer-Karkassen
Olivenöl
1 Karotte, gewürfelt
2 Stangen Staudensellerie, gewürfelt
1 kleine Stange Lauch, geschnitten
2 Schalotten, fein gewürfelt
½ Knoblauchzehe, fein geschnitten
1 Lorbeerblatt
5 Tomaten, grob geschnitten (gut
   eignen sich auch Dosentomaten)
1 EL Tomatenmark
2 cl Madeira
2 cl Weinbrand
125 ml Weißwein
250 ml Fischfond,
   siehe Grundrezept
1 – 2 EL Butter

etwas Kalbssauce,
   siehe Grundrezept

Männer sind Abenteurer und Entdecker.
Innereien? Probieren sie einfach aus.

DIE KUNST BEIM BEWIRTEN VIELER LEUTE **IST DAS WEGLASSEN.**

Denn komplizierte Gerichte oder viele Gänge brauchen eben auch viel Zeit. Also: Besser ein einfaches, aber gutes Gericht auf den Tisch bringen, das sich gut vorbereiten lässt (und das ich vorher schonmal ausprobiert habe!). Dann benötigt man nur noch wenige Handgriffe in der Küche – und kann sich voll und ganz den Gästen widmen.

VERRUCKT
WENN DAS HAUS VOLL IST

ES IST GANZ EINFACH: ICH BRAUCHE BROT ZU ALLEM – zum Frühstück, zu einer guten Suppe und vor allem zum genüss- lichen Austunken von Fleischsaft. Weil die Brotqualität im Laden heutzutage immer schlechter wird, verlasse ich mich am liebsten auf meine eigenen Kreationen.

Ob **Vollkorn- oder Weißmehl** oder eine Mischung aus beiden ist Geschmackssache. Beachten sollte man aber, dass Vollkornmehl zum Aufgehen mehr Hefe braucht. Mehl mit jedem gewünschten Mahlgrad gibt's im Reformhaus — oder für echte Freaks aus der eigenen Getreidemühle.

Für **kleine Brötchen** nehme ich 405er- oder 505er-Roggenmehl, für mein **Schwiegermutterbrot, Grissini** oder **Focaccia** passt eher Nudelmehl (Typ 00).

Mein Favorit im Brotkorb ist **Nussbrot**, bei dem die Nüsse mit dem Dinkel vermahlen werden. Wer Körner mag, kann dem Teig alles zugeben, was schmeckt. Helle Saaten vorher leicht anrösten, vor allem Pinienkerne und Macadamias. Auch Kräuter passen immer gut, sie sollten aber einen starken Eigengeschmack haben, da das Aroma sonst beim Backen verloren geht. Gut sind Bärlauch, Rosmarin, Thymian, Oliven oder auch getrocknete Tomaten, die man einfach unter den Teig mischt.

Und wenn Gäste kommen, macht so ein Brotkorb mit selbstgemachten Sorten richtig Eindruck!

Grissini

1. Die Hefe in etwas lauwarmem Wasser auflösen. Mit den restlichen Zutaten und 200 ml Wasser zu einem glatten Teig verkneten. Den fertigen Teig abgedeckt für ca. 1 Stunde an einem kühlen Ort ruhen lassen.

2. Die Arbeitsfläche mit etwas Mehl bestäuben, den Teig mithilfe eines Nudelholzes 5 mm dünn ausrollen. Den Teig in 15 cm lange und 5 mm breite Streifen schneiden. Auf ein mit Backpapier ausgelegtes Blech setzen.

3. Die Grissini im vorgeheizten Backofen bei 180 °C für 8-10 Minuten backen.

Tipp: Je nach Belieben kann man dem Teig auch noch fein geschnittene Kräuter beifügen und – wenn das Haus voll ist – auch ohne Weiteres die doppelte Menge zubereiten. Wichtig ist hierbei sich an die genauen Mengenangaben zu halten.

13 g Hefe
500 g Mehl
15 g Salz
12 g Zucker
1 EL Olivenöl
25 g Parmesan, fein gerieben

Handarbeit — auch Männer basteln gerne mal.

Kartoffel-Focaccia

1. Die gekochten Kartoffeln im noch warmen Zustand durch eine Kartoffelpresse drücken.

2. Die Hefe in lauwarmer Milch auflösen, mit Kartoffelmasse, 190 ml Wasser und den restlichen Zutaten zu einem glatten Teig verarbeiten.

3. Den Teig auf ein mit Backpapier ausgelegtes tieferes Blech setzen, mit etwas Olivenöl beträufeln und den Teig mit den Händen gleichmäßig verteilen, so dass er ca. 3 cm hoch aufliegt. Mit etwas getrocknetem Thymian bestreuen und an einem warmen Ort ca. 45–60 Minuten gehen lassen. Das Focaccia sollte danach um zwei Drittel aufgegangen sein.

4. Dann das Brot und im vorgeheizten Backofen bei 175 °C für 20–25 Minuten goldgelb backen.

225 g gekochte Kartoffeln, vorwiegend
    festkochend
15 g Hefe
60 ml Milch
450 g Mehl
130 g Salz
1 EL getrockneter Thymian
Olivenöl
etwas getrockneter Thymian zum
    Bestreuen

Absolut tabu: Aufbackbrot.

„Panzanella" –
Tomaten-Brot-Salat

1. Für das Dressing alle Zutaten bis auf das Öl in einem Mixer kräftig durchrühren. Bei kleinerer Stufe das Öl nach und nachzugeben. Mit Pfeffer und Salz eventuell noch einmal abschmecken.

2. Von den Tomaten den Strunk entfernen, die Haut auf der unteren Seite kreuzförmig einritzen, dann die Tomaten einige Sekunden in kochendes Wasser eintauchen. Anschließend in Eiswasser abschrecken, dann die Haut abziehen und die Tomaten in Stücke schneiden.

3. Die Zwiebel und den Knoblauch schälen und würfeln. Den Rucola waschen und eventuell zu lange Stiele entfernen. Den Radicchio putzen und waschen. Basilikum in Streifen schneiden.

4. Das Brot in Würfel schneiden und in einer Pfanne in Olivenöl mit dem Rosmarin, der Zwiebel und der Knoblauchzehe goldgelb anbraten. Dann Tomatenwürfel und Basilikum zugeben und mit dem Dressing marinieren. Mit dem Rucola und Radicchio dekorieren. Zum Schluss noch etwas Parmesan darüberstreuen. Lauwarm servieren.

Für 8 Personen

Dressing:
200 ml Balsamico-Essig
100 ml Gemüsebrühe,
    siehe Grundrezept
2 EL Senf
2 Knoblauchzehen
4 EL Zucker
2 TL Meersalz, Pfeffer aus der Mühle
750 ml Olivenöl

8 Strauchtomaten
2 große rote Zwiebeln
2 Knoblauchzehen
4 Bund Rucola
2 Köpfe Radicchio
8 Stiele Basilikum
2 Ciabatta oder Weißbrot
Olivenöl
2 Zweige Rosmarin
200 g geriebener Parmesan

Es gibt Salate, die machen auch hungrige Männer satt.

Pariser
Zwiebelsuppe

1. Die Zwiebeln schälen, in feine Streifen schneiden und mit der Butter in einem Topf andünsten. Mit dem Wein und der Brühe auffüllen, aufkochen, mit Salz und Pfeffer würzen, etwa 30 Minuten bei mittlerer Hitze köcheln lassen.

2. Den Backofen auf Grillstufe vorheizen. Die Baguettescheiben in einer Pfanne mit etwas Olivenöl und dem Knoblauch rösten. Die gerösteten Brotscheiben mit dem Käse bestreuen und unter dem Backofengrill gratinieren.

3. Die Suppe mit Salz und Pfeffer abschmecken, in vorgewärmte Teller füllen und die gratinierten Baguettescheiben anlegen.

Für 8 Personen

800 g Zwiebeln
2 EL Butter
200 ml Weißwein
1,5 l Gemüsebrühe,
    siehe Grundrezept
Meersalz, Pfeffer aus der Mühle
16 Scheiben Baguette
Olivenöl
2 Knoblauchzehen, geschält und
    angedrückt
100 g geriebener Beaufort- oder
    Laguiole-Käse

Oberstes Gebot: Keine Experimente, wenn das Haus voller Gäste ist.

Tomaten-Basilikum-Bruschetta

1. Die Tomaten vom Strunk befreien und an der unteren Seite kreuzförmig leicht einritzen. In kochendem Wasser blanchieren, bis die Haut leicht einreißt, dann in Eiswasser abschrecken. Die Tomaten häuten und vom Kerngehäuse befreien. Die Tomatenfilets in kleine Würfel (Tomatenconcassé) schneiden.

2. Schalotte und Knoblauch in etwas Olivenöl anschwitzen. Basilikum in feine Streifen schneiden und mit den Schalotten, dem Knoblauch und dem Tomatenconcassée vermengen, mit Salz, Pfeffer, Olivenöl und ein wenig Balsamico-Essig kräftig abschmecken.

3. Das Baguette in Scheiben schneiden, in etwas Olivenöl mit Thymian in einer Pfanne von beiden Seiten leicht anrösten und auf Küchenpapier abtropfen lassen. Kurz vor dem Servieren mit dem Tomaten-Basilikum-Salat großzügig belegen.

TIPP: Die Menge kann je nach Anzahl der Gäste beliebig variiert werden

Bruschetta-Belag:
4 Strauchtomaten
1 Schalotte, fein gewürfelt
2 Knoblauchzehen, fein gewürfelt
Olivenöl
8 Basilikumblätter
Meersalz, Pfeffer aus der Mühle
Zucker
heller Balsamico-Essig

1 Baguette
Olivenöl
5 Zweige Thymian

Back to Basics — gutes Essen kann so einfach sein.

Zart geschmolzener Käse mit Rucola-Pesto auf Zitronenblatt

1. Den Rucola zusammen mit den Pinienkernen und dem Parmesan in den Mixer geben. Während der Mixer läuft, das Olivenöl langsam einlaufen lassen, dann salzen. Das Pesto in einem luftdichten Gefäß bis zur Verwendung aufbewahren.

2. Eine beschichtete Pfanne erhitzen. Die Zitronenblätter waschen, abtrocknen und beide Seiten mit etwas Olivenöl bepinseln. Den Mozzarella in dünne Scheiben schneiden und eine oder zwei davon auf jedes Zitronenblatt legen. Mit etwas Olivenöl bestreichen. In der Pfanne braten, bis der Mozzarella zu schmelzen beginnt.

3. Die Zitronenblätter mit dem Käse aus der Pfanne nehmen, einen Teelöffel Pesto auf jedes Blatt geben und servieren.

Für 8 Personen

Rucola-Pesto:
2 große Bund Rucola
4 EL Pinienkerne
4 EL geriebener Parmesan
250 ml Olivenöl
Meersalz

16 große Zitronenblätter
Olivenöl
4 Büffelmozzarella

Die Zitronenblätter aber nicht essen; sie sind nur dazu da,
dem Käse einen herben zitronigen Geschmack zu verleihen.

Spanferkelbauch
mit Graupenrisotto

Für 8 Personen

1 Spanferkelbauch ca. 750 g
Meersalz, Pfeffer aus der Mühle
2 EL Estragonsenf
2 Knoblauchzehen,
   in Scheiben geschnitten
8 Zweige Rosmarin
8 Zweige Thymian
12 schwarze Pfefferkörner
6 Pimentkörner
6 Wacholderbeeren
1 TL Kümmelsamen
Olivenöl

Graupenrisotto, siehe Seite 14

Sauce:
600 ml Kalbssauce, siehe Grundrezept
4 Schalotten, in feine Würfel
   geschnitten
1 EL Kümmel
1 EL Honig
2 EL Schwerter Senf, scharf
100 ml Wermuth (Noilly Prat)
2 EL Butter
Meersalz, Pfeffer aus der Mühle

1. Den Spanferkelbauch mit Salz und Pfeffer würzen, den Senf auf die Fleischseite streichen. Den Knoblauch mit den Kräutern und Gewürzen auf die mit Senf bestrichene Seite legen. Den marinierten Bauch in einen Vakuumierbeutel geben, mit etwas Olivenöl angießen und vakuumieren. Dann im 76 °C heißen Wasserbad 48 Stunden garen.

2. Das Risotto nach dem Rezept auf Seite 14 zubereiten.

3. Für die Sauce den Kümmel in einer Stielkasserolle bei mittlerer Hitze trocken rösten. Die Butter hinzufügen, Schalottenwürfel darin glasig schwitzen, mit Wermuth auffüllen, leicht reduzieren, dann Senf und Honig unterrühren. Mit der Kalbssauce auffüllen und diese bis zum gewünschten Geschmack und zur gewünschten Konsistenz reduzieren. Mit Salz und Pfeffer abschmecken.

4. In der Zwischenzeit den fertig gegarten Bauch aus dem Beutel nehmen, trocken tupfen, von der Fleischseite würzen und in einer Pfanne auf der Hautseite in Olivenöl kross anbraten. Dann auf die Fleischseite wenden und im Backofen warm stellen.

5. Das Graupenrisotto auf den Tellern anrichten. Den Spanferkelbauch an das Risotto setzen und mit der heißen Sauce umgießen.

Zum Rotwein darf es ruhig richtig was Deftiges sein ...

Schwiegermutterbrot

1. Alle Zutaten zu einem glatten Teig verarbeiten. Die Arbeitsfläche mit etwas Mehl bestäuben und den Teig mithilfe eines Nudelholzes so dünn wie möglich ausrollen.

2. Den Teig mit einem Messer in beliebige Formen schneiden und mit der Messerspitze mittig ein wenig einritzen. Auf ein mit Backpapier ausgelegtes Blech setzen, mit etwas Olivenöl bepinseln und im vorgeheizten Backofen bei 170 °C für 6 – 8 Minuten backen.

250 g Mehl
125 ml Wasser
½ TL Salz
2 EL getrockneter Thymian
1 Msp. Cayennepfeffer
Olivenöl zum Einpinseln

Seinen Namen erhielt das knusprige Brot in Italien, wohl wegen der spitzen Zunge von Schwiegermüttern

NAJA – ES KANN EINFACH MAL VORKOMMEN, DASS MAN ZU TIEF INS GLAS GESCHAUT HAT. Mir persönlich hilft es dann, richtig viel zu trinken – am besten Wasser, aber keinen Alkohol oder Kaffee. Die fehlenden Mineralien bekommt der Körper durch gut gewürzte Speisen mit viel Salz, Pfeffer, Curry und Safran. Ich selbst esse am Tag danach gern Rohes und Mariniertes – und vor allem nur Speisen, die mich wirklich anmachen.

VERKATERT
WENN DER SCHÄDEL BRUMMT

DER GRÖSSTE IRRTUM BEIM PFEFFER IST: JE SCHÄRFER, DESTO BESSER. Hochwertiger Pfeffer schmeckt zwar ausgesprochen würzig und aromatisch, muss aber nicht brennen wie die Hölle. Wenn's dagegen richtig scharf sein soll, ist Chili die richtige Wahl – auch Cayennepfeffer genannt, obwohl das botanisch gar kein Pfeffer ist.

Aromatischen Pfeffer — egal ob weißer oder schwarzer Pfeffer, rote Pfefferbeeren, Tasmanischer oder Szechuanpfeffer — kauft man am besten als Bioware in kleinen Mengen (dann ist auch nicht viel verloren, wenn man mal danebenlangt). Auf jeden Fall empfehle ich ganze Pfefferkörner, die man dann selbst mahlen oder schroten und in einem luftdichten Gefäß bis zu vier Wochen aufbewahren kann. So lassen sich auch ganz nach Gusto eigene Mischungen herstellen. Mein Tipp: die Körner kurz anrösten.

Bei der **Verwendung von Pfeffer gibt es eine einfache Grundregel**: Zu hellen Gerichten passen milde Sorten wie weißer oder rosa Pfeffer. Würzige Speisen wie Wild, Lamm oder Rind vertragen auch stark fermentierte und damit aromatischere Sorten, allen voran schwarzer Pfeffer oder auch der scharf-prickelnde Szechuanpfeffer. Eine echte Entdeckung ist für mich Langpfeffer mit seinem herrlichen Erdgeschmack. Er erinnert optisch an Weidenkätzchen und war fast in Vergessenheit geraten, weil man ihn nicht in Industriegewürzmühlen mahlen kann. Zu Hause zerkleinert man ihn am besten im Mörser.

Geeiste Apfel-Sellerie-Suppe
mit Haselnuss-Salz

Für 4 Personen

Suppe:
1 Schalotte
200 g Knollensellerie
1 EL Butter
Meersalz
125 ml Weißwein
400 ml Sahne
200 g Naturjoghurt
300 ml Selleriesaft (aus ca. 500 g
    Staudensellerie, frisch gepresst)
400 ml Apfelsaft (aus etwa 4 Granny
    Smith Äpfeln, frisch gepresst)
Saft von 1 Zitrone

Haselnuss-Salz:
15 g geröstete Haselnüsse
15 g Himalayasalz

Garnitur:
dünne Streifen von 1 Granny
    Smith Apfel
knusprig frittierte
    Staudensellerieblätter
2 Zweige Minze
Olivenöl

1. Für die Suppe Schalotte und Sellerie schälen, in Würfel schneiden und in einem Topf mit etwas Butter glasig schwitzen. Leicht salzen und mit dem Weißwein ablöschen, dann mit der Sahne auffüllen und 15 Minuten leicht köcheln lassen. Die Suppe in einem Mixer pürieren und durch ein feines Sieb passieren. Dann kalt stellen.

2. Für das Haselnuss-Salz die Haselnüsse mit dem Salz mischen und mit einem Messer grob zerkleinern.

3. Vor dem Anrichten die kalte Suppe mit dem Joghurt, dem Sellerie- und dem Apfelsaft mischen. Mit Salz und Zitronensaft abschmecken.

4. Die Kaltschale in Teller füllen und mit den Apfelstreifen, frittierten Sellerieblättern, Minzblättern, einigen Tropfen Olivenöl und etwas Haselnuss-Salz garnieren.

Schön, dass man Obst und Gemüse auch trinken kann!

Spargel in der Folie
mit Himbeersalz

1. Spargel schälen und je 7 Stangen auf zwei übereinander gelegte große Bögen Alufolie legen. Mit Salz und wenig Zucker würzen und mit der geschmolzenen Butter begießen. Nacheinander die beiden Folien darüber schließen und die Folienenden jeweils sorgfältig zusammenfalzen. Die Pakete nebeneinander auf einem Backblech auf die untere Schiene des 200 °C heißen Backofens schieben und den Spargel 40 – 45 Minuten garen.

2. Den Spargel aus dem Ofen nehmen, kurz ruhen lassen und die Folien erst bei Tisch öffnen, damit jeder in den Genuss dieses unvergleichlichen, leicht karamelligen Aromas kommt. Den Spargel nach Wunsch mit Petersilie oder Schnittlauch und dem Himbeersalz bestreuen.

Für 4 Personen

28 gleich dicke Stangen Spargel
   von je etwa 50 g
Meersalz
Zucker
160 g Butter
nach Wunsch 1 – 2 EL Schnittlauchröllchen oder geschnittene
   Petersilie
1 – 2 EL Himbeersalz (Salzmischung
   von Ingo Holland)

Gestern tief ins Glas geschaut? Das macht Appetit auf Salziges.

Emincé vom Fasan
mit Pfeffersauce

1. Den Backofen auf 200 °C vorheizen.

2. Die Brüste und Keulen der Fasane auslösen und zur Seite stellen. (Die Keulen für ein anderes Gericht vorsehen.)

3. Für die Sauce die Fasanenknochen klein hacken. Pflanzenöl in einem feuerfesten Topf oder Bräter erhitzen und die Knochen darin stark anbraten. Den Speck hinzufügen, kurz mitrösten, dann Zwiebel und Staudensellerie zugeben und im Ofen anbräunen. Das Öl abgießen, den Bratensatz mit Weißwein und Gin ablöschen, einkochen lassen und dann mit dem Geflügelfond auffüllen. Auf ein Drittel reduzieren, mit der Sahne aufgießen und weitere 15 Minuten langsam köcheln lassen. Mit Salz und Pfeffer abschmecken.

4. Die Sauce abpassieren und in einem Topf mit den Pfefferkörnern und den zerdrückten Wacholderbeeren am Herdrand ca. 10 – 15 Minuten ziehen lassen, bis die Sauce den Geschmack angenommen hat. Dann durch ein Tuch passieren und nochmals erwärmen. 50 g Butter zugeben und im Mixer aufschlagen. Eventuell noch mit Gin und Salz abschmecken.

5. Die Brotscheiben in Streifen schneiden und in einer Pfanne mit etwas Butter goldgelb und knusprig braten. Die Fasanenbrüstchen in 5 mm dicke Scheiben schneiden und nur kurz in der restlichen Butter braten, so dass sie innen saftig bleiben. Die Scheiben auf vorgewärmten Tellern anrichten und mit der Sauce überziehen und mit den Brotsticks garnieren.

Für 4 Personen

2 Fasane
Pflanzenöl
100 g geräucherter Bauchspeck, in
    kleine Würfel geschnitten
1 Zwiebel, geschält und gewürfelt
5 Stangen Staudensellerie, gewürfelt
100 ml Weißwein
30 ml Gin
750 ml heller Geflügelfond,
    siehe Grundrezept
300 ml Sahne
Meersalz, Pfeffer aufs der Mühle
10 g weiße Pfefferkörner
5 Wacholderbeeren
2 Scheiben Nussbrot
75 g Butter

Ich glaube fest daran, dass in jedem Mann ein Jäger steckt. Männer mögen alles, was wild ist und sich in freier Natur ernährt. Fasan, Reh, Taube oder Alaska-Rotlachs zum Beispiel.

Gepfefferter Waller
mit Salzcrumble in Brennnesselschaum

Salzcrumbles:
50 g weiche Butter
90 g Mehl
30 g Zucker
10 g Mandelgrieß
10 g Meersalz
Abrieb von 1 Zitrone
Mark von ½ Vanilleschote

Brennesselschaum:
1 Lauchzwiebel
1 Handvoll Babyspinat
1 Handvoll junge Brennnesseln
1 EL Butter
400 ml Geflügelfond,
    siehe Grundrezept
125 g Crème double
Meersalz, Cayennepfeffer
Saft von 1 Zitrone
40 g gesalzene Butter
1 EL geschlagene Sahne

Gepfefferter Waller:
300 g Wallerfilets ohne Haut
Butter
Meersalz, Pfeffer aus der Mühle
1 TL schwarze Pfefferkörner
1 TL weiße Pfefferkörner
½ TL grüne Pfefferkörner
1 TL rosa Pfefferkörner
1 TL Koriandersamen
2 EL Trompetenpilzpulver
1 EL Semmelbrösel

200 ml Milch

1. Für die Salzcrumbles alle Zutaten verkneten und auf ein mit Backpapier belegtes Blech streuseln. Im vorgeheizten Backofen bei 200 °C ca. 4 – 6 Minuten backen.

2. Für den Brennnesselschaum die Lauchzwiebel, Spinat und Brennnesseln waschen und klein schneiden. In einem Topf etwas Butter erhitzen. Die Lauchzwiebeln darin glasig anschwitzen, Spinat und Brennnesseln dazugeben, kurz mitdünsten und mit dem Geflügelfond auffüllen. Bei starker Hitze 4 – 5 Minuten kochen. Die Suppe in einem Mixer mit der Crème double fein pürieren und durch ein Sieb passieren. Mit Salz, Cayennepfeffer und Zitronensaft nachwürzen. Kurz vor dem Anrichten mit der gesalzenen Butter und geschlagener Sahne aufschäumen.

3. Die Wallerfilets in 4 Stücke portionieren und in eine mit Butter gefettete feuerfeste Form legen, mit Salz und Pfeffer würzen, mit Frischhaltefolie abdecken und im Backofen bei 60 °C ca. 20 Minuten garen.

4. Pfefferkörner und Koriander in einer Pfanne ohne Fett rösten, bis sie anfangen zu duften. Die Gewürze in einem Mörser zerstoßen und mit dem Trompetenpilzpulver und den Semmelbröseln mischen. Den Waller aus dem Ofen nehmen, vorsichtig in der Würzmischung wälzen und in einer Pfanne mit Butter leicht nachbraten.

5. Die Milch in einem Topf erwärmen und mit einem Stabmixer aufschäumen. Die aufgeschäumte Suppe auf den vorgewärmten Tellern verteilen. Den Waller vorsichtig in die Suppe setzen und mit Salzcrumbles und Milchschaum garnieren.

Die neue Art zu würzen: mit selbstgemachter Pfeffermischung

Gebratene Wachtelbrust
mit Pfefferstaeks vom Kürbis

Für 4 Personen

400 g Muskatkürbis
200 ml Rotwein
75 ml Geflügelfond,
   siehe Grundrezept
100 ml dunkler Holunderbeersaft
100 g Holunderbeeren
Meersalz, Pfeffer aus der Mühle
Zitronensaft
3 EL Mélange noir (Pfeffermischung
   von Ingo Holland)
1 Prise Zucker
geröstetes Sesamöl
8 Wachtelbrüste, küchenfertig
   ausgelöst

1. Den Kürbis entkernen, schälen und in vier gleich große Scheiben schneiden.

2. Den Rotwein mit dem Geflügelfond und dem Holundersaft auf die Hälfte reduzieren, die Holunderbeeren dazugeben, nochmals aufkochen und mit einem Stabmixer fein pürieren. Die Sauce mit Salz, Pfeffer und Zitronensaft abschmecken, durch ein feines Sieb passieren und zur gewünschten Konsistenz einkochen.

3. Die Kürbisscheiben mit Salz, der Mélange noir und einer Prise Zucker würzen und langsam in Sesamöl braten.

4. Die Wachtelbrüste mit Salz und Pfeffer würzen und in einer Pfanne mit etwas Sesamöl etwa 5 – 6 Minuten braten. Dann die Wachtelbrüste auf einem Küchenpapier abtropfen lassen.

5. Eine Wachtelbrust in die Mitte des Tellers setzen, darauf das Pfeffersteak vom Kürbis platzieren, und die zweite Wachtelbrust dekorativ anlegen und mit dem Holunderjus garnieren.

Pfeffer ist nicht gleich Pfeffer — experimentieren Sie mit verschiedenen Mischungen.

SALZ IST NICHT NUR EINER DER BESTEN AROMATRÄGER UND DIE WICHTIGSTE GRUNDWÜRZE. Es ist fast schon eine Art Lebenselixir. Deshalb sollte es Ihnen keineswegs egal sein, welches Salz Sie sich selbst und Ihren Gästen gönnen. Wie alle anderen Produkte in der Küche sollte auch das Salz immer so natürlich wie möglich sein und wirklich gut schmecken. Deshalb: Nicht geizen – weder beim Einkauf noch beim Würzen!

Gut gesalzen – halb gewonnen

In meiner Küche benutze ich nur natürliches Salz ohne Zusatzstoffe wie Jod, Fluor oder Rieselhilfen. Ich salze großzügig und zwar immer vor dem Kochen – sogar bei Scampi, Steaks und Leber. So bekommt jedes Gericht eine gleichmäßige Grundwürze. Kurz vor dem Servieren gibt's dann den letzten Pfiff durch ein wenig Fleur de Sel.

Grundwürze aus der Natur

Fürs Pastawasser, zum Blanchieren von Gemüse und als Grundwürze für viele Gerichte benutze ich Steinsalz, zum Beispiel Himalayasalz. Bei grobem Meersalz kann man problemlos zur ungewaschenen Variante greifen. Es eignet sich besonders gut zum Garen im Salzmantel.

Geschmack durch die Blume

Mein Favorit zum Nachwürzen ist Fleur de Sel (Salzblume), das von der Oberfläche der Salzfelder von Hand abgeschöpft wird. Zum Kochen viel zu schade, bringt es nach dem Garen die Aromen wunderbar zur Geltung. Mein Tipp: Probieren Sie doch mal Pellkartoffeln mit Fleur de Sel.

Ein Strauß aus Aromen

Wie ein Bouquet am Gaumen wirkt aromatisiertes Fleur de Sel. Zu hellem Fleisch und Fisch passen Rosmarin- oder Olivensalz. Blumige Noten wie Hibiskus oder Rosenblüten verzaubern leichte Speisen wie Fisch, Pasta oder Gemüse. Vanillesalz benutze ich für Süßspeisen, Sternanis-Salz zu Tomatensalat. Toll für Gäste: eine kleine Menagerie mit verschiedenen Salzen, dazu Brot und Olivenöl.

Dorade
im Salzteig

1. Für den Salzteig Salz und Mehl vermengen, die Eier und 250 ml Wasser hinzufügen und alles zu einem kompakten Teig verkneten. In Frischhaltefolie wickeln und den Teig ca. 30 Minuten ruhen lassen.

2. Die Innenseite der Dorade mit Salz und Pfeffer würzen und mit den Knoblauchzehen, dem Thymian und Rosmarin füllen.

3. Die Fenchelscheiben leicht überlappend auf ein Backpapier legen und den Fisch darin komplett einwickeln. Anschließend den Salzteig auf einem Backpapier auf gut die doppelte Größe des Fisches ausrollen, so dass der Fisch im Fenchelmantel damit eingewickelt werden kann. Den Fisch (ohne das Backpapier) einwickeln und den Teig rundum festdrücken.

4. Im vorgeheizten Backofen bei 210 °C Umluft garen. Nach ca. 20 Minuten den Deckel aufklopfen und testen, ob der Fisch gar ist. Falls nicht, den Deckel wieder aufsetzen und weitere 5 Minuten im noch heißen Ofen ruhen lassen.

Tipp: Auf die gleiche Weise lässt sich auch Zander oder Wolfsbarsch im Salzteig zubereiten.

Für 4 Personen

Salzteig:
1 kg grobes Meersalz
1 kg Mehl
4 Eier

1 Dorade, ausgenommen
  (ca. 400–600 g)
Meersalz, Pfeffer aus der Mühle
2 Knoblauchzehen, geschält
½ Bund Thymian
½ Bund Rosmarin
2 Fenchelknollen, in feine Scheiben
  gehobelt

Keine halben Sachen, sondern ganze Tiere ...

ES IST WAS DRAN AM SATZ: LIEBE GEHT DURCH DEN MAGEN.

Aber denkt daran, dass Frauen andere Vorlieben haben als Männer. Leichte Gerichte wie Salat, Pasta, Fisch oder Geflügel kommen bei der Damenwelt meist besser an als ein blutiges Steak. Dazu passt ein leichter, fruchtiger und mineralischer Wein. Unübertroffen als prickelnde Begrüßung ist ein Glas guter Sekt oder – noch besser – Champagner. Und: Nicht zu viel trinken, Männer, damit Ihr nicht nur noch blödes Zeug redet!

VERKNALLT
WENN DIE FLAMME SICH ANKÜNDIGT

BEVOR MANN LOSSTÜRMT UND VIEL GELD IN TEURE GERÄTE STECKT, lohnt sich ein kritischer Blick auf das eigene Koch-verhalten: Will ich nur ab und zu was Warmes im Bauch ha-ben oder ist Kochen ein echtes Hobby? Und bei der Suche ist es dann wie beim Autokauf: Markenkult oder Funktionalität? Soll das Design perfekt in meine Küche passen oder muss das Gerät einfach nur seinen Zweck erfüllen?

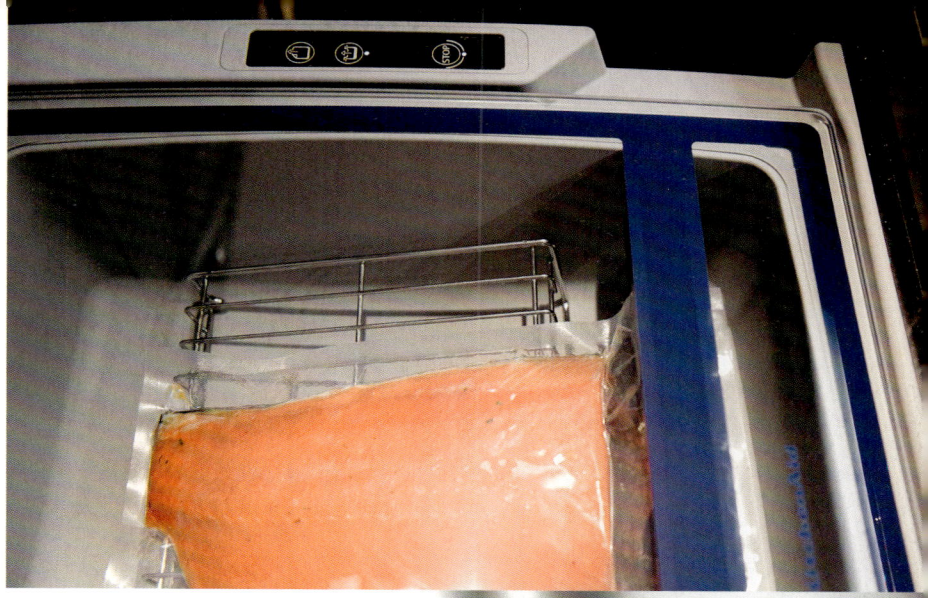

Wer Spaß an Technik und das nötige Kleingeld hat, sollte sich von einem De-
signerteil nicht abhalten lassen. Ansonsten kann gute Qualität auch durchaus
preiswert sein. Die besten Praxis-Tipps für den Kauf bekommt man von Köchen
— und nicht von denen, die teure Geräte an den Mann bringen wollen.

Induktionsherd: Für mich geht's nicht mehr ohne, denn der Induktionsherd ist Gegenwart und Zukunft. Die Hitze ist sofort verfügbar und ebenso
schnell wieder weg — und das mit einer Kraft und Geschwindigkeit, die Gas
nicht bieten kann. Der Induktionsherd spart Energie, ist leicht zu reinigen und es
brennt nichts ein, wenn mal was überkocht.

Vakuumierer: Für wenig Geld bekommt man ein Gerät, mit dessen
Hilfe man Essen haltbar machen und platzsparend lagern kann. Im Vakuumpack
lassen sich Speisen auch mit wenig Beize marinieren und sogar schonend garen.

Dampfgarer: Dieses praktische Gerät ist ideal zum sanften, vitamin-
schonenden Garen von Fisch oder Gemüse sowie zum Konservieren. Es gibt
die verschiedensten Varianten — auch als Zusatzfunktion für den Backofen.

Räucherofen: Wer räuchern will, kann mit einer Eigenkonstruktion
aus Tonne, Ziegelsteinen und Alufolie auch improvisieren. Einfacher geht Grillen,
Kalt- und Heißräuchern mit einem professionellen Räucherofen.

Latte macchiato
von weißer und violetter Karotte mit Vanille und Gewürzsalz

Für 4 Personen

Weiße Karottensuppe:
1 weiße Zwiebel
400 g weiße Karotten (im Bioladen
    erhältlich)
Butter, 1 EL Zucker
500 ml Gemüsebrühe,
    siehe Grundrezept
150 ml Sahne
Meersalz, Pfeffer aus der Mühle
Saft von 1 Limette

Violette Karottenessenz:
2 Schalotten
500 g violette Karotten (im Bioladen
    erhältlich)
1 Stange Staudensellerie,
    klein geschnitten
5 Eiweiß
Mark von ½ Vanilleschote
1 Handvoll Eiswürfel
200 ml Geflügelfond,
    siehe Grundrezept
Meersalz, Zucker
1 Spritzer Himbeer-Essig

1. Für die weiße Karottensuppe die Zwiebel und die Karotten schälen und in Würfel schneiden. Etwas Butter in einem Topf erhitzen und die Zwiebeln darin andünsten. Die Karotten und eine Prise Zucker dazugeben und leicht glasieren. Mit Gemüsebrühe ablöschen, 15–20 Minuten leicht köcheln lassen, die Sahne dazugeben und noch einmal aufkochen. Dann die Suppe in einem Mixer fein pürieren, mit Salz, Pfeffer und Limettensaft abschmecken und durch ein feines Sieb passieren.

2. Für die violette Karottenessenz die ungeschälten Schalotten halbieren und ohne Fett in einer Pfanne schwärzen. Die violetten Karotten schälen und mithilfe eine Entsafters entsaften. Das überbleibende Fruchtfleisch in eine Schüssel geben und mit dem Staudensellerie, Eiweiß, Vanille und Eiswürfeln mischen. Das Ganze mit dem ausgepressten Karottensaft, Geflügelfond, etwas Salz und Zucker und den Schalottenhälften in einen Topf geben und langsam am Herdrand erwärmen. Ab und zu mit einer flachen Kelle am Boden entlang fahren, sodass das Eiweiß nicht am Topfboden anbrennt. Wenn sich der Klärkuchen oben abgesetzt hat, kann man ihn vorsichtig mit einer Schaumkelle abschöpfen. Die Essenz dann vorsichtig durch ein Passiertuch laufen lassen, mit Salz, Zucker und einem Spritzer Himbeer-Essig abschmecken.

3. Für den Vanilleschaum die Sahne mit der Milch und dem Vanillemark einmal kurz aufkochen, mit Zucker und Salz leicht würzen und kurz vor dem Servieren mit einem Stabmixer aufschäumen.

4. Die Gemüsewürfel für die Einlage in kochendem Salz-Zucker-Wasser blanchieren, in Eiswasser abschrecken, damit sie die Farbe behalten.

5. Die weiße Karottensuppe noch einmal aufkochen und zu zwei Dritteln in ein vorgewärmtes Glas füllen. Die heiße Essenz vorsichtig darauf füllen, so dass das Glas zu drei Vierteln gefüllt ist. Einen Esslöffel der Gemüsewürfel hineingeben und den lauwarm aufgeschäumten Vanilleschaum mit einem Löffel vorsichtig darauf setzen. Zum Schluss den Brotchip quer über das Glas legen und mit dem Gewürzsalz (Chat Masala) bestreuen.

Vanilleschaum:
100 ml Sahne
250 ml Milch
Mark von 2 Vanilleschoten
1 Prise Zucker, 1 Prise Meersalz
1 Prise Chat Masala (Ingo Holland)

Suppeneinlage:
50 g Karotten, in feine Würfel
    geschnitten
50 g Sellerie, in feine Würfel
    geschnitten
50 Zucchini, in feine Würfel
    geschnitten
Meersalz, Zucker

4 Brotchips
Chat Masala (Gewürzsalz-Mischung
    von Ingo Holland)

Ja, ich will! Diese Karottensuppe macht Frauen glücklich.

Fenchelcotta

1. Für die Fenchelcotta die Fenchelsamen rösten, dann im Mörser zerstoßen. Fenchelknollen putzen (das Grün beiseite legen) und klein schneiden. Kurz in Olivenöl anschwitzen, mit Fenchelfond auffüllen. 1 Msp. Anis und die anderen Gewürze zugeben, alles erhitzen und in einen großen Vakuumierbeutel füllen. Verschweißen und bei ca. 80–90°C im Wasserbad ca. 1,5 Stunden garen.

2. Den Beutel öffnen und den Inhalt in einer Küchenmaschine fein mixen. Crème fraîche unterrühren, mit Pernod parfümieren und mit Salz und Mélange blanc abschmecken. Das Püree in ein Sieb geben und den Saft dabei auffangen. 125 ml davon abmessen, noch warm mit den Eiern verquirlen und in eine mit Klarsichtfolie ausgelegte Form (16 x 16 cm) gießen. Dann gut mit Klarsichtfolie bedecken und im Backofen bei 80 °C ca. 30 – 40 Minuten dämpfen.

3. Zum Servieren von der Fenchelcotta je einen Ring (ca. 4,5 cm Durchmesser und 5 mm Wandstärke) ausstechen. Das Fenchelpüree mit Salz und dem restlichen Anis abschmecken. Mit der Spinatmatte grün einfärben, Vitamin C-Pulver unterrühren und durch ein feines Sieb passieren. Den noch warmen Fenchelcottaring seitlich anrichten und die Öffnung mit dem Fenchelpüree auffüllen.

TIPP: Spinatmatte (oder Spinatfarbe, Spinatgrün) dient zum Färben von Saucen oder Pasta. Zur Herstellung wird Spinat zerkleinert, der entstehende Saft durchgeseiht und erhitzt und schließlich die freigewordene Flüssigkeit abgegossen. Die zurückbleibende „Matte" wird als Farbstoff weiterverwendet.

Für 4 Personen

Fenchelcotta:
1 TL Fenchelsamen
4 junge Fenchelknollen (etwa 500 g)
1 – 2 EL Olivenöl
250 ml Fenchelfond, siehe Grundrezept
2 Msp. gemahlener Anis
2 Gewürznelken
Meersalz, Mélange blanc (Pfeffer-
    mischung von Ingo Holland)
50 g Crème fraîche
100 ml Pernod
4 Eier
1 ½ EL Spinatmatte
1 Msp. Vitamin C-Pulver

Warm geräuchertes Saiblingsfilet

mit Rote-Bete-Salat und Vanillequitten

1. Den Saibling in einem Räucherofen mit Räuchermehl, Wacholder, Lorbeer und Sternanis etwa 25 Minuten warm räuchern.

2. Die Quitten schälen und in 5 x 5 mm große Würfel schneiden, dann in etwas Wasser mit dem Zitronensaft legen, damit sie nicht oxidieren. Den Zucker in einer Pfanne karamellisieren, mit Balsamico-Essig ablöschen, dann reduzieren. Mit Weißwein auffüllen, die Quittenwürfel und das Vanillemark dazu geben, Quitten weich kochen. Die Quittenwürfel aus dem Fond nehmen und beiseite stellen. Den Fond weiter einreduzieren lassen, anschließend die Quittenwürfel wieder hineingeben.

3. Die Rote Bete mit Kümmelsamen, einer Prise Salz, einer Prise Zucker und etwas Wasser ca. 30 Minuten im Schnellkochtopf weich garen. Die Rote Bete aus dem Topf nehmen, im Eiswasser abschrecken, schälen und mit einem Gemüsehobel in feine Scheiben schneiden. Den Fond auf ein Viertel reduzieren, mit Himbeer-Essig, Balsamico-Essig, Rapsöl, Salz und etwas Zucker abschmecken und lauwarm über die Rote Bete geben.

4. Den Salat putzen und kurz vor dem Anrichten mit dem Balsamico-Dressing marinieren.

5. Den Saibling auf dem Teller platzieren, den Rote-Bete-Salat auf dem Saibling anrichten. Die Quittenwürfel um den Saibling drapieren, den Salat daneben geben.

Für 4 Personen

350 g Saiblingsfilet
10 g Räuchermehl
3 Wacholderbeeren
1 Lorbeerblatt
1 Stück Sternanis

Vanillequitten:
2 Quitten
Saft von 1 Zitrone
100 g Zucker
50 ml heller Balsamico-Essig
250 ml Weißwein
Mark von 1 Vanilleschote

Rote-Bete-Salat:
2 mittelgroße Rote Bete
10 Kümmelsamen
Meersalz, Zucker
5 EL Himbeer-Essig
2 EL dunkler Balsamico-Essig
3 EL Rapsöl

Salatgarnitur:
Friséesalat, Endiviensalat, Pimpernelle und Kapuzinerkresse
helles Balsamico-Dressing, siehe Grundrezept

115

Salat Niçoise
mit pochiertem Kalbstafelspitz

Für 4 Personen

1 Scheibe Blue fin Thunfisch à 100 g
(Sushi-Qualität)

Kalbstafelspitz:
1 kleiner Kalbstafelspitz
à ca. 300–400 g
4 Zweige Thymian
1 Stiel Petersilie
1 Knoblauchzehe, in Scheiben
geschnitten
Abrieb von je 1 Orange und Zitrone

Thunfischmarinade:
2 EL Honig
2 EL Sojasauce
1 EL Sweet Chili Sauce
1 TL Zitronenöl
1 TL Olivenöl

Thunfischsauce:
4 rote Paprika
8 Tomaten
1 TL Speisestärke
1 EL heller Balsamico-Essig
2 Zweige Thymian
250 g Thunfisch aus der Dose
Zucker, Cayennepfeffer
etwas Zitronensaft

Bohnensalat:
40 g Keniabohnen
3 EL heller Balsamico-Essig

1. Den Tafelspitz vom Fett befreien, mit Salz und Pfeffer würzen und in einen Vakuumbeutel geben. Den Knoblauch, Zitronen- und Orangenabrieb, die Kräuter und ein wenig Olivenöl hinzufügen. Das Ganze vakuumieren und im Wasserbad bei 65°C 1 Stunde pochieren.

2. Anschließend herausnehmen und direkt kalt stellen, damit der Garprozess unterbrochen wird. Wenn der Tafelspitz ausgekühlt ist, mit der Aufschnittmaschine in dünne Scheiben schneiden. Vor dem Anrichten die Scheiben mit etwas Olivenöl marinieren und leicht salzen.

3. Den Rotwein-Essig mit dem Moscovado-Zucker in einer Sauteuse zu einer sirupartigen Konsistenz einkochen.

4. Für den Pfefferkrokant den Fondant mit der Glukose mischen und in einer Sauteuse solange einkochen, bis die Masse bernsteinfarben ist. Dann auf eine Silikonbackmatte gießen und auskühlen lassen. Den Krokant grob brechen und in einem Mixer zu Staub zerkleinern. Mithilfe eines Siebs den Staub gleichmäßig auf eine Silikonbackmatte streuen und etwas von der Pfeffermischung darüber geben. Für ca. 1-2 Minuten in den auf 160°C vorgeheizten Backofen geben, dann herausnehmen, erkalten lassen, anschließend vorsichtig von der Backmatte lösen. Kurz vor dem Anrichten den Krokant in beliebig große Stücke brechen.

1 TL Zitronensaft
50 ml Wasser
1 TL Speisestärke
1 EL Olivenöl
1 Zweig Bohnenkraut

Pfefferkrokant:
60 g Fondant
40 g Glukose
1 EL Mélange noir Pfeffermischung
    (von Ingo Holland, im
    Feinkosthandel erhältlich)

Moscovado-Essig:
300 ml Rotwein-Essig
80 g Moscovado-Zucker

Garnitur:
4 schwarze Oliven
4 grüne Oliven
1 EL fein geschnittene Petersilie
1 EL fein geschnittener Schnittlauch
1 EL fein geschnittener Kerbel

1 fest kochende Kartoffel

verschiedene Blattsalate
    (nach Vorliebe), geputzt
helles Balsamico-Dressing,
    siehe Grundrezept

4 EL Zitronenöl

4 Wachteleier
1 Ei
5 EL Paniermehl
2 EL Mehl

Meersalz, Pfeffer aus der Mühle
Öl zum Frittieren

5. Für die Thunfischsauce die Paprika halbieren, entkernen und in große Würfel schneiden. Die Tomaten vierteln, vom Strunk befreien und zusammen mit der Paprika im Mixer fein pürieren. Durch ein Passiertuch pressen, den Gemüsesaft auffangen und auf 400 ml einkochen. Dann mit etwas in Wasser angerührter Speisestärke binden, Thymian dazugeben, würzen und kräftig abschmecken. Wenn die Sauce abgekühlt ist, den Thymian wieder entfernen und mit dem Thunfisch aus der Dose fein mixen. Durch ein feines Sieb passieren, abschmecken und ggf. noch einmal nachwürzen. Bis zum Anrichten kalt stellen.

6. Die Keniabohnen putzen und in feine Stücke schneiden. In kräftig gesalzenem Wasser kurz blanchieren, anschließend in Eiswasser abschrecken. Den Essig mit Wasser, Salz und Zucker aufkochen und mit der in etwas kaltem Wasser angerührten Stärke leicht binden. Das Bohnenkraut fein schneiden, in den noch warmen Fond geben und ca. 10-15 Minuten ziehen lassen, dann durch ein feines Sieb passieren. Mit Zitronensaft, Salz und Zucker abschmecken. Kurz vor dem Anrichten die Bohnen mit dem Fond marinieren.

7. Einen kleinen Topf mit Wasser und einem Spritzer hellem Essig aufsetzen, einmal aufkochen und an den Herdrand stellen. Die Wachteleier nacheinander vorsichtig öffnen und langsam in eine Schöpfkelle gleiten lassen, so dass das Eigelb unversehrt bleibt. Mit einem Löffel einen Strudel in dem Wasser erzeugen, und das Wachtelei vorsichtig hineingleiten lassen. Das Eiweiß soll dabei das Eigelb komplett umschließen. Dann für ca. 1-2 Minuten darin pochieren, anschließend in Eiswasser abschrecken, damit der Garprozess unterbrochen wird. Auf einem Küchenpapier abtropfen lassen und vorsichtig trocken tupfen.

Zuerst vorsichtig durch Mehl, dann durch das verquirlte Ei und anschließend durch das Paniermehl ziehen, diesen Vorgang noch einmal wiederholen und beiseite stellen.

8. Die Kartoffel schälen, in 4x1x1 cm lange Kartoffelsticks schneiden, in kochendem Salzwasser ca. 8-10 Minuten ankochen und auf einem Küchenpapier abtropfen lassen.

9. Sojasauce, Sweet Chili Sauce, Honig, Zitronenöl, Olivenöl und eine Prise Salz verrühren. Den Thunfisch damit bestreichen und in einer Pfanne mit etwas Olivenöl ca. 30-40 Sekunden nur von einer Seite anbraten. Den Thunfisch aus der Pfanne nehmen und in Eiswasser abschrecken, damit der Garprozess direkt wieder unterbrochen wird. Den Thunfisch in 4 gleichgroße Stücke schneiden und kurz vor dem Anrichten mit der Marinade bestreichen und leicht salzen.

10. Die Oliven in kleine Stücke schneiden, mit den Kräutern vermengen und beiseite stellen.
Die Blattsalate mit dem Balsamico-Dressing unmittelbar vor dem Anrichten marinieren.

11. Mit einem Löffel etwas Thunfischsauce auf einem rechteckigen Teller mittig der Länge nach verstreichen, darauf die Olivenwürfel mit den Kräutern verteilen. Rechts eine Scheibe des Tafelspitzes anrichten, links davon ein kleines Salatbouquet setzen, links daneben den Bohnensalat platzieren. Auf den Bohnensalat den Thunfisch legen.

12. Die Kartoffelsticks in der Friteuse ca. 3-4 Minuten, die Wachteleier ca. 1 Minute goldgelb ausbacken, anschließend auf einem Küchenpapier abtropfen lassen und leicht salzen. Den Kartoffelstick ganz links auf dem Teller platzieren, das gebackene Wachtelei daneben setzen. Das Ganze mit Zitronenöl beträufeln und mit dem Pfefferkrokant garnieren.

Beim Garen „Sous-vide" ist der Geschmack von luftdicht Eingeschweißtem intensiver und das Fleisch bleibt saftiger.

DIE LUFT IST RAUS – UND DAS IST GUT SO! VAKUUMIEREN IST NÄMLICH EINE ABSOLUT ZEITGEMÄSSE METHODE, die sich nicht nur zum Haltbarmachen von Speisen, sondern auch zum sparsamen Marinieren und schonenden Garen eignet. Ohne Luft haben Bakterien keine Chance – der feine Geschmack dafür umso mehr.

Vakuumieren ist ganz einfach: Man braucht nur ein Vakuumiergerät und spezielle Beutel – am besten solche, die sich auch zum Einfrieren und zum Erhitzen eignen. Fertigen Speisen entzieht man im Vakuumbeutel die Luft zum Atmen – und damit Bakterien die Chance, das Essen zu verderben. Später kann man dann das Gericht samt Beutel einfach im Wasserbad wieder erhitzen. Übrigens spart Vakuum auch eine Menge Platz im Kühlschrank oder Tiefkühlfach.

Fleisch und Fisch mariniere ich sehr gern im Vakuumbeutel, da weniger Öl und Kräuter benötigt werden und das Kochgut im direkten Kontakt mit den Gewürzen die Aromen besser aufnimmt.

Der absolute Renner ist aber vor allem das, was wir Profis **Sous-vide-Kochen** nennen: Kochen im Vakuum. Dabei garen wir Gemüse oder Meeresfrüchte, Fisch oder Fleisch im Vakuum fertig – bei niedriger Temperatur im eigenen Saft. Gemüse behält seine Farbe, Fisch bleibt saftig, Fleisch wird butterzart – und das Aroma wird sogar noch intensiviert.

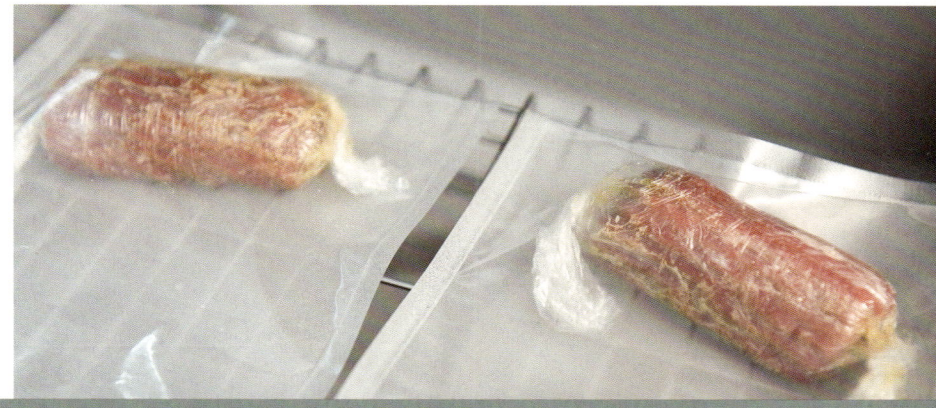

„Ossobuco" vom Seeteufel
mit geräuchertem schwarzen Knoblauch und Pimentojus

Für 2 Personen

400 g Seeteufelfilet (Lotte),
   küchenfertig
100 ml Olivenöl
2 Knoblauchzehen
10 Zweige Thymian
2 Stiele frischer Koriander
Butter
Meersalz, Pfeffer aus der Mühle

Geräucherter Knoblauch:
6 – 8 schwarze Knoblauchzehen
   (im Feinkosthandel erhältlich)
30 ml Olivenöl
5 – 10 ml Räucheröl
1 Zweig Thymian
30 g Speckschwarte
1 Prise Koriander
Meersalz, Pfeffer aus der Mühle

1. Aus 100 ml Olivenöl, einer Knoblauchzehe, der Hälfte des Thymians und dem Koriander eine Marinade herstellen und das Seeteufelfilet damit in einem etwas tieferen Blech 2–3 Stunden marinieren.

2. Die schwarzen Knoblauchzehen mit 30 ml Olivenöl und den anderen Zutaten in einem Beutel vakuumieren und im Wasserbad bei 65 °C ca. 1–1,5 Stunden pochieren.

3. Für das Trauben-Senf-Gelée den Fischfond mit dem Agar-Agar mischen und ca. 2 Minuten leicht kochen. Die in etwas kaltem Wasser eingeweichte und ausgedrückte Gelatine darin auflösen und den Traubensenf unterrühren. Das Ganze mit Salz, Pfeffer und Zucker abschmecken und in ein mit Folie ausgelegtes rechteckiges Gefäß ca. 2 cm hoch einfüllen und kalt stellen.

4. Für den Jus die Paprika schälen, vom Kerngehäuse befreien, in kleine Würfel schneiden und in 100 ml Wasser einmal aufkochen. Dann im Mixer fein pürieren und durch ein Sieb passieren. Den Sud auf eine Menge von ca. 100 ml einkochen, mit Salz, Pfeffer, Zucker und Ingwersaft abschmecken und kurz vor dem Anrichten mit etwas Olivenöl verfeinern.

5. Den Seeteufel in einer Pfanne mit etwas Olivenöl von allen Seiten anbraten. Dann die Pfanne unter den Backofengrill stellen und den Fisch für ca. 6–8 Minuten weiter garen lassen. Einmal wenden und weitere 6 Minuten darunter ziehen lassen. Das Filet noch kurz in Butter, Thymian und Knoblauch schwenken, salzen, pfeffern und auf Küchenpapier leicht abtropfen lassen.

6. Etwa 15 Minuten vor dem Servieren das Trauben-Senf-Gelée in Würfel schneiden und beiseite stellen. Die Kapernäpfel sechsteln und mit der Kalbssauce erwärmen. Den schwarzen Knoblauch auspacken, in einer Sauteuse mit etwas Olivenöl anschwitzen und mit Salz und Pfeffer würzen.

7. Den Seeteufel in Medaillons schneiden und auf vorgewärmte Teller setzen. Mit etwas Meersalz bestreuen, 3–4 schwarze Knoblauchzehen anlegen, mit dem Trauben-Senf-Gelée garnieren und mit den beiden Saucen nappieren.

Trauben-Senf-Gelée:
100 ml Fischfond,
    siehe Grundrezept
1 g Agar-Agar
1,5 Blatt Gelatine
150 g Traubensenf
Meersalz, Pfeffer aus der Mühle
Zucker

Pimentojus:
150 g rote Paprikaschote
Meersalz, Pfeffer aus der Mühle
1 Prise Zucker
1 TL Ingwersaft
2 EL Olivenöl

8 Kapernäpfel
100 ml Kalbssauce,
    siehe Grundrezept

Gebackenes Ei
mit Fontina-Risotto
und Gelbe-Bete-Vinaigrette

Für 2 Personen

Oliven-Panade:
75 g schwarze Oliven, entsteint
6 Scheiben Weißbrot, ohne Rinde

Vinaigrette:
1 Gelbe Bete, geschält und
    in feine Würfel geschnitten
Meersalz, Zucker
100 ml helles Balsamico-Dressing,
    siehe Grundrezept

Risotto:
1 Schalotte, fein gewürfelt
1 EL Butter
100 g Risottoreis
250 ml heller Kalbsfond
1 Lorbeerblatt
75 g Fontinakäse
Meersalz, Pfeffer aus der Mühle
Muskat
2 EL Sahne

Gebackene Eier:
40 – 50 ml Essig
Meersalz
2 Bio-Eier
1 Ei zum Panieren
Olivenpanade (siehe oben)
1 kg Frittierfett

1. Für die Panade die Oliven auf einem mit Backpapier ausgelegten Backblech im Ofen bei 80 °C ca. 2–3 Stunden trocknen. Das Weißbrot in der Küchenmaschine zerkleinern. Die Oliven dazugeben und alles nochmals auf höchster Stufe ca. 2 Minuten mixen.

2. Für die Vinaigrette die Gelbe-Bete-Würfel in Salz-Zucker-Wasser blanchieren und auf einem Sieb abtropfen lassen. Mit dem Balsamico-Dressing vermengen.

3. Für das Risotto die Schalotten in einem Topf mit der Butter glasig schwitzen. Den Risottoreis hinzugeben, kurz mit anschwitzen und mit der Hälfte des Kalbsfonds auffüllen. Das Lorbeerblatt dazugeben, dann langsam köcheln lassen. Den restlichen Kalbsfond nach und nach unter Rühren hinzugeben, bis das Risotto gar ist. Zuletzt den klein geschnittenen Fontinakäse hinzugeben und 1–2 Minuten mitkochen. Mit Salz, Pfeffer und Muskat abschmecken. Kurz vor dem Servieren die geschlagene Sahne unterheben.

4. Für die gebackenen Eier 2 Liter Wasser mit dem Essig und einer kräftigen Prise Salz aufkochen. Die zwei Eier vorsichtig aufschlagen und einzeln in eine Schöpfkelle geben, ganz vorsichtig in das siedende Wasser gleiten lassen und darauf achten, dass das Eigelb komplett vom Eiweiß umschlossen ist. Nach ca. 2 Minuten behutsam herausnehmen und abtropfen lassen.

5. Das andere Ei in einer Schüssel verquirlen. Die pochierten Eier zuerst in dem verquirlten Ei, dann in der Oliven-Panade wälzen. Den Vorgang wiederholen. Das Fett in der Friteuse auf 160 °C erhitzen, die Eier darin goldgelb ausbacken und abtropfen lassen.

6. Zum Servieren das Risotto in der Tellermitte anrichten, das gebackene Ei daraufsetzen und etwas Vinaigrette verteilen.

Rhein-Zander
mit Schwarzwurzelgemüse

1. Die Schalottenwürfel in 1 EL Butter glasig schwitzen, mit etwas Mehl bestäuben, mit Sahne und Kalbsfond auffüllen und mit Salz, Pfeffer und etwas Muskat abschmecken. Eventuell mithilfe von etwas Mehl nachdicken.

2. Die Schwarzwurzeln schälen (dabei empfiehlt es sich Handschuhe zu tragen!) und sofort für einige Minuten in Wasser mit dem Zitronensaft legen, damit sie nicht braun werden. Dann abgießen und die Schwarzwurzeln in Salz-Zucker-Wasser ca. 4 – 6 Minuten garen (je nach Dicke der Wurzeln).

3. Die Zanderfilets leicht salzen, mit etwas Olivenöl, Zitronenschale und Ingwer vakuumieren und im Wasserbad bei 60 °C ca. 4 Minuten pochieren.

4. Dann den Fisch herausnehmen und in einer Pfanne mit etwas Olivenöl auf der Hautseite 2 – 3 Minuten nachbraten. Etwas Butter dazugeben, den Thymian hineingeben und den Fisch am Herdrand mehrmals mit der aromatisierten Butter übergießen. Ggf. mit etwas Salz und Pfeffer nachwürzen.

Für 2 Personen

1 Schalotte, fein gewürfelt
2 EL Butter
1 EL Mehl
50 ml Sahne
75 ml Kalbsfond, siehe Grundrezept
Meersalz, Pfeffer aus der Mühle
Muskatnuss, gemahlen
300 g Schwarzwurzeln
Saft von ½ Zitrone
2 Zanderfilets à 120 g
Olivenöl
1 Stück Zitronenschale
2 Scheiben Ingwer
1 – 2 Zweige Thymian

Lammkarree
mit Oliven-Kräuter-Kruste

Für 4 Personen

1 kg Lammkarree mit Knochen
Meersalz, Pfeffer aus der Mühle
Olivenöl
1 EL Butter
1 Knoblauchzehe
3 Zweige Thymian
2 EL mittelscharfer Senf

Pochierfond:
1 l Lammfond, siehe Grundrezept
3 Knoblauchzehen, angedrückt
3 Kaffir-Limetten-Blätter
2 Stangen Zitronengras
2 Chilischoten
1 Lorbeerblatt
10 Zweige Thymian
2 Zweige Rosmarin

Oliven-Kräuter-Kruste:
30 g weiche Butter
1 Eigelb
50 g schwarze Oliven, fein gewürfelt
1 Stiel Petersilie, fein geschnitten
1 Zweig Rosmarin, fein geschnitten
3 Zweige Thymian, fein geschnitten
50 g Panko-Paniermehl
   (im Asialaden erhältlich)
½ TL Senf
Meersalz, Pfeffer aus der Mühle

1. Die Lammkarrees vom Fett befreien und die Knochen mit einem kleinen Messer sauber putzen.

2. Den Lammfond mit den restlichen Zutaten einmal aufkochen und ca. 5 Minuten am Herdrand ziehen lassen. Dann in einen tiefen Einsatz füllen und diesen in ein 75 °C heißes Wasserbad setzen. Die Lammkarrees für 15 Minuten in den Fond geben, danach herausnehmen und mit Salz und Pfeffer würzen.

3. Für die Oliven-Kräuter-Kruste die weiche Butter mit einem Handrührgerät schaumig schlagen, das Eigelb und die restlichen Zutaten unterkneten, mit Salz und Pfeffer würzen. Kühl stellen.

4. Die Lammkarrees in einer Pfanne mit etwas Olivenöl, Butter, Knoblauch und Thymian kurz nachbraten, herausnehmen, mit etwas Senf bestreichen und mit der Kruste belegen. Anschließend unter dem Backofengrill gratinieren, bis die Kruste eine goldgelbe Farbe aufweist.

Eine Feuerstelle reicht: Männer kochen, seit es Lagerfeuer gibt ...

Taube mit Trüffel
und Speck gefüllten Krautknödeln

Für 2 Personen

Knödel:
1 Schalotte, fein gewürfelt
30 g Speck, fein gewürfelt
1 EL Butter
100 g Brötchen (Weißbrot) vom Vortag
75 ml Milch
50 g Weißkraut, in Streifen
    geschnitten und blanchiert
2 Eier
Meersalz, Pfeffer aus der Mühle
Muskat
2 große Weißkrautblätter, blanchiert

Sauce:
75 ml weißer Portwein
75 ml Geflügelfond,
    siehe Grundrezept
1 EL Trüffelsaft
Zitronensaft

2 Taubenbrüste ohne Haut
Meersalz, Pfeffer aus der Mühle
5-Spice-Gewürz (im Asialaden
    erhältlich)
Olivenöl
1 EL Butter
3 Zweige Thymian
1 Knoblauchzehe, angedrückt
1 schwarze Trüffel

1. Für die Knödel die Schalottenwürfel mit dem Speck in einer Pfanne mit etwas Butter anschwitzen. Die Brötchen in 5 x 5 mm feine Würfel schneiden, die Milch erwärmen und darüber gießen. Das blanchierte und gut ausgedrückte Weißkraut mit den restlichen Zutaten unter die eingeweichten Brotwürfel mengen und kräftig mit Salz, Pfeffer und Muskat abschmecken.

2. Die blanchierten Weißkrautblätter überlappend nebeneinander auslegen und mit der Knödelmasse zu einer Rolle formen. Die Roulade zuerst straff in Frischhaltefolie wickeln, dann in Alufolie einschlagen. Die Roulade im vorgeheizten Backofen bei 90 °C etwa 30 – 35 Minuten dämpfen.

3. In der Zwischenzeit für die Sauce den Portwein mit dem Geflügelfond auf die Hälfte reduzieren und mit Trüffelsaft und Zitronensaft abschmecken.

4. Die Taubenbrüste mit Salz, 5-Spice-Mischung und Pfeffer würzen, mit einem Spritzer Olivenöl vakuumieren und im 60 °C heißen Wasserbad für ca. 6 Minuten pochieren. Das Fleisch auspacken und für 5 Minuten an einem warmen Ort ruhen lassen. Danach in einer Pfanne mit etwas Butter, Thymian und Knoblauch nachbraten.

5. Die gedämpften Speck-Krautknödel aus der Folie nehmen, in Scheiben schneiden und je 2 Scheiben auf die vorgewärmten Teller setzen. Die Taubenbrust anlegen und mit der Sauce überziehen.

6. Den Trüffel fein hobeln, mit etwas Salz und Olivenöl marinieren und dekorativ über die Teller geben.

Für das „Täubchen" werden keine Kosten gescheut!
Ein Rezept mit einer Extraportion Trüffel.

AUCH AM MORGEN GILT: VERFÜHRUNGSKUNST HEISST AUFS GEGENÜBER EINGEHEN UND AUCH MAL WAS AUSSERGEWÖHNLICHES WAGEN.

Finden Sie einfach raus, was die Angebetete mag. Im Grunde eignet sich jedes Gericht zum Frühstück – ob deftig oder süß, am besten sogar beides. Es darf also ruhig auch mal ein Schmalzbrot zum Frühstück sein. Niemals fehlen dürfen knusprige Brötchen, süßes Kleingebäck und frisch gepresste Säfte.

VERFÜHRT
WENN SIE ZUM
FRÜHSTÜCK BLEIBT

KAFFEE ODER TEE? DAS IST FÜR MANCHE EINE FRAGE DER PHILOSOPHIE, für mich schlicht und einfach Geschmackssache. Am wichtigsten für echten Genuss ist auch hier wieder die Qualität. Allerdings ist es ein Gerücht, dass man Kaffee und Tee immer als lose Ware kaufen muss. Wer wenig verbraucht, für den sind einzeln verwendbare Portionen die beste Lösung.

Kaffee – offen oder mit Metallverdeck

Wenn die Qualität nicht stimmt, kann der Kaffee nicht schmecken – egal wie nobel die Maschine. Also immer hochwertige Ware kaufen! Puristen mahlen die Bohnen natürlich frisch. Wer weniger Aufwand und trotzdem aromatischen Kaffee will, der greift am besten zu Kapseln, denn die konservieren den Geschmack sehr gut. Pads finde ich dagegen nicht so ideal, weil sie schnell das Aroma verlieren.

Tee – perfekte Performance, egal wie oft

Teetrinken ist ja für viele Genießer Kult. Die kaufen ihren Tee natürlich offen und haben immer eine Auswahl der besten Sorten auf Lager. Allerdings macht offener Tee wirklich nur bei Vieltrinkern Sinn. Wer seltener Tee genießt, sollte ebenfalls nur Top-Qualität kaufen, aber die gibt's auch als Teebeutel im Vakuum-Einzelpack – damit Aroma und Qualität nicht verfliegen. Super am Morgen ist grüner Tee, der zugleich anregt und beruhigt. Und bieten Sie doch auch mal einen Aufguss aus frischen Kräutern an – sehr lecker mit Minze oder Melisse!

Franks
Quarkkuchen

1. Die Zutaten für den Boden zu einem glatten Teig verkneten. Den Teig mit der Hand in eine ausgebutterte Springform (26 cm Durchmesser) drücken und kalt stellen.

2. Für die Quarkmasse mit einem Handrührgerät die Eier und den Zucker 5 Minuten lang schaumig aufschlagen. Das Sojaöl langsam unter Rühren einlaufen lassen und weiter aufschlagen.

3. Die Milch mit dem Puddingpulver verquirlen, unter die Eiermasse rühren und das Ganze mit dem Quark vermengen.

4. Die Masse auf den Teigboden gießen. Den Kuchen im vorgeheizten Backofen bei 160 °C Ober- und Unterhitze auf der untersten Schiene 1 – 1,5 Stunden backen. Nach etwa der Hälfte der Backzeit mit einem feuchten Messer am Rand entlang fahren, dadurch bekommt der Kuchen eine glatte Oberfläche.

Boden:
60 g kalte Butter
60 g Zucker
1 Ei
150 g Mehl
6 g Backpulver

Quarkmasse:
2 Eier
125 g Zucker
75 ml Sojaöl
300 ml Milch
15 g Vanillepuddingpulver
    (zum Kochen)
500 g Quark (40% Fett)

Dürfen Männer backen? Diesen Kuchen unbedingt!

Erfrischung von
Erdbeere und Waldmeister

Für 4 Personen

Erdbeersorbet (am Vortag zubereiten):
500 g frische Erdbeeren
Saft von 1 Zitrone
150 g Puderzucker

Waldmeister-Granité:
250 ml Waldmeistersirup
Saft von 1 Zitrone

Erdbeerespuma:
50 ml Sahne
1 Blatt Gelatine
400 g Erdbeerpüree
Saft von ½ Zitrone

Erdbeerragout:
150 g Erdbeeren
Puderzucker
10 ml Grand Marnier

gehackte Pistazien für die Garnitur

1. Für das Erdbeersorbet die geputzten Erdbeeren mit dem Zitronensaft, dem Puderzucker und 150 ml Wasser pürieren und in der Eismaschine gefrieren lassen.

2. Für das Waldmeister-Granité in einem Topf 100 ml Wasser mit dem Sirup und dem Zitronensaft aufkochen, anschließend erkalten lassen. In eine Auflaufform füllen und für ca. 4 Stunden in den Gefrierschrank stellen. Wenn das Ganze vollständig durchgefroren ist, mit einer Gabel die gefrorene Granitémasse aufkratzen, um die typischen Kristalle zu erhalten.

3. Für den Erdbeerespuma die Sahne in einem Topf erhitzen und die in etwas Wasser eingeweichte und ausgedrückte Gelatine unterrühren. Die Sahnemasse mit dem Erdbeerpüree und dem Zitronensaft verrühren, in eine Espumaflasche füllen (2 Patronen) und mindestens 2 Stunden kühl stellen.

4. Für das Erdbeerragout die Erdbeeren klein würfeln und mit gesiebtem Puderzucker bestäuben (je nach Süße der Erdbeeren). Den Grand Marnier dazugeben und vorsichtig vermengen.

5. Zum Servieren das Granité in 4 kleine Gläser füllen, so dass sie zu ca. 1 Drittel gefüllt sind. Je einen Löffel Erdbeerragout darüber geben, mit einem heißen Löffel eine Nocke Erdbeersorbet abstechen und auf das Ragout setzen. Zum Schluss das Glas mit dem Erdbeerespuma auffüllen und mit Pistazien garnieren.

Ausgerüstet mit einer Eismaschine? So werden Sie „ihr" Frühstücks-held Nummer 1.

Radieschen-Schmalz-Brot

1. Die Brotscheiben in einer Pfanne mit etwas Butter, den Kräutern und dem Knoblauch leicht anrösten. Danach auf Küchenpapier abtropfen lassen.

2. Die Radieschen vom Strunk befreien, waschen und mithilfe eines Hobels in feine Scheiben schneiden.

3. Die Brotscheiben mit Schmalz bestreichen, die Radieschenscheiben darauf verteilen, mit Salz und Pfeffer würzen und mit etwas Schnittlauch garnieren.

4 Scheiben frisches Landbrot
2 EL Butter
1 Zweig Thymian
1 Zweig Rosmarin
1 Knoblauchzehe, angedrückt
1 Bund Radieschen
4 EL Schmalz
Meersalz, Pfeffer aus der Mühle
1 EL fein geschnittener Schnittlauch

Brötchen

1. Die Hefe in lauwarmer Milch auflösen. Mit den restlichen Zutaten und 200 ml Wasser zu einem glatten Teig verkneten. Den Teig zugedeckt an einem warmen Ort gehen lassen.

2. Den Teig mit etwas Olivenöl beträufeln, nochmals leicht durchkneten. In Portionen von je 30 g aufteilen, zu Kugeln formen und auf ein mit Backpapier ausgelegtes Blech setzen. Die Teigkugeln oben ca. 1 cm tief über Kreuz einschneiden.

3. Die Brötchen nochmals für ca. 30–40 Minuten gehen lassen und im vorgeheizten Backofen bei 180 °C für 8–12 Minuten backen.

Variationen für Party Büffets

Kräuterbrötchen:
1 EL Rosmarin, fein geschnitten
1 EL Thymian, fein geschnitten
1 EL Oregano, fein geschnitten

Tomaten-Oliven-Brötchen:
2 EL getrocknete Tomaten, fein gewürfelt
2 EL schwarze Oliven, entsteint und fein geschnitten

Die Zutaten direkt zum Grundteig geben, bevor man ihn gehen lässt. Je nach Belieben kann man auch andere Zutaten unter den Grundteig mengen.

Grundteig:
25 g Hefe
200 ml Milch
650 g Mehl
20 g Salz
10 g Zucker
Olivenöl

139

VOLLER BAUCH

STUDIERT NICHT GERN, HEISST ES.

Und voller Bauch sportelt auch nicht
gern. Wer also den Kopf frei haben will
für geistige Höhenflüge oder die Beine
stark für eine Runde Joggen, der sollte
sich nicht mit schwerer Kost belasten.
Besonders leicht und lecker sind Fisch
und Meeresfrüchte.
Also immer locker bleiben!

VERAUSGABEN
WENN ES LEICHT SEIN SOLL

„WILDE WARE, KURZE WEGE", SO LAUTET MEIN MOTTO BEIM KAUF VON FISCH UND MEERESFRÜCHTEN. Fisch kaufe ich am liebsten aus der Region – und immer im Ganzen. Denn nur so kann ich sichergehen, dass er auch wirklich frisch ist. Hummer oder Langostinos sollten sich beim Händler möglichst noch lebend im Wasser tummeln.

Fanggebiet oder **Herkunftsland** und **Produktions-methode** müssen heute bei Fisch immer angegeben werden. Für mich ist Wildfang aus kühlen Gewässern immer die erste Wahl, denn solche Fische haben besonders festes und aromatisches Fleisch und wenig Fett. Regionale Produkte wie Zander oder Wels garantieren kurze Wege und deshalb meist fangfrische Qualität.

Um feststellen zu können, ob **Fisch wirklich frisch** ist, muss man die Ware im Ganzen kaufen (er darf nicht fischig riechen!). Auch bei Tiefkühlware geht man mit ganzen Fischen auf Nummer sicher, denn die werden sofort nach dem Fang schockgefrostet und sind damit bestens konserviert.

Fisch zu filetieren muss man einfach immer wieder probieren. Wer sich das nicht zutraut, kauft einen ganzen Fisch und lässt ihn vom Fischhändler filetieren (Reste mitnehmen für einen Fond!).

Bei Meeresfrüchten wie Hummer, Langusten oder Muscheln **gilt:** Alles was lebt ist frisch. Jakobsmuscheln kauft man jedoch am besten gefroren. Je nach Bedarf wird dann immer genau die Menge, die ich brauche, langsam aufgetaut.

Kabeljau
auf Speck-Linsen-Sauce

Für 4 Personen

Rösti:
2 Kartoffeln, festkochend
Meersalz, Pfeffer aus der Mühle
frisch geriebene Muskatnuss
Olivenöl

Linsen:
2 Scheiben geräucherter Bauchspeck,
    fein gewürfelt
2 Schalotten, fein geschnitten
1 Knoblauchzehe, fein gewürfelt
Olivenöl
2 dicke Karotten, fein gewürfelt
¼ Knollensellerie, fein gewürfelt
100 g Berglinsen
1 EL Tomatenmark
Meersalz, Pfeffer aus der Mühle
1 Lorbeerblatt
250 ml Geflügelfond, siehe
    Grundrezept
dunkler Balsamico-Essig
etwas Butter
30 g geschlagene Sahne

4 Kabeljaufilets à 150 g,
    küchenfertig
Meersalz, Pfeffer aus der Mühle
Cayennepfeffer
2 EL Olivenöl
1 EL Butter
2 EL Crème fraîche
1 EL mittelscharfer Senf
1 TL Schnittlauch, fein geschnitten

1. Für die Rösti die Kartoffeln schälen, in sehr feine Streifen schneiden und mit Salz, Pfeffer und Muskat würzen. Etwas Öl in einer großen Pfanne erhitzen, die Kartoffelstreifen zu 4 dünnen Fladen hineingeben und mit dem Pfannenwender andrücken. Auf beiden Seiten goldgelb braten. Dann auf Küchenpapier abtropfen lassen und im 60 °C heißen Ofen warm stellen.

2. Für die Linsen den Speck mit Schalotten und Knoblauch mit etwas Olivenöl bei nicht zu starker Hitze glasig anschwitzen. Karotten, Sellerie und Linsen zufügen, das Tomatenmark einrühren und leicht anrösten. Mit Salz und Pfeffer würzen, das Lorbeerblatt einlegen und mit dem Geflügelfond auffüllen. Mit Backpapier abdecken und im 180 °C heißen Ofen weich dünsten.

3. Die Kabeljaufilets mit Salz, Pfeffer und Cayennepfeffer würzen und im nicht zu heißen Öl-Butter-Gemisch vorsichtig anbraten. Crème fraîche mit Senf und Schnittlauch verrühren und eine Seite der Filets kurz vor Ende der Garzeit damit bestreichen.

4. Die Linsen mit Essig und Butter verfeinern, dann ohne den Fond auf vier vorgewärmte Teller geben. Den Kabeljau darauf anrichten und die Rösti seitlich anlehnen. Die geschlagene Sahne unter den Linsenfond heben und diesen um die Linsen verteilen.

Steinbutt mit Risotto
von weißem Spargel
und grünem Spargelpüree

1. Den Spargel putzen und waschen. Die Spitzen und den zarten oberen Teil der Stangen abtrennen. Die Spitzen in kochendem Salz-Zucker-Wasser blanchieren und anschließend in Eiswasser abschrecken. Das untere Drittel des grünen Spargels in kochendem Wasser weich kochen und ebenfalls abschrecken, damit die Farbe erhalten bleibt. Dann pürieren.

2. Das untere Drittel des weißen Spargels in feine Würfel schneiden. 1 EL Öl und 1 EL Butter in einem Topf erhitzen. Die Zwiebelwürfel und die weißen Spargelwürfel darin andünsten. Den Reis hinzufügen und umrühren, 2 Minuten glasig anschwitzen. Kellenweise die kochend heiße Brühe hinzugießen, bis der Reis knapp al dente ist. Risotto vom Herd nehmen, 1 EL Butter, das grüne Spargelpüree und den Parmesan einarbeiten.

3. Den Steinbutt kalt abspülen und sehr sorgfältig trocken tupfen. Etwas Olivenöl in einer beschichteten Pfanne erhitzen und den Steinbutt darin auf jeder Seite 2 Minuten braten, salzen und zugedeckt beiseite stellen. Die Spargelspitzen in der restlichen Butter mit etwas Salz, Zucker und Muskat anschwenken.

4. In die Mitte des Tellers das Risotto anrichten, die Spargelspitzen daneben setzen und den Steinbutt auf das Risotto setzen.

Für 4 Personen

500 g grüner Spargel
300 g weißer Spargel
Meersalz, Zucker
3 EL Butter
1 Zwiebel, fein gewürfelt
150 g Risottoreis
500 ml kochend heißer Geflügelfond,
    siehe Grundrezept
3 EL geriebener Parmigiano Reggiano
4 Steinbuttfilets à 120 g
Olivenöl
frisch geriebene Muskatnuss

Krautwickel
von Forellen

Für 4 Personen

Krautwickel:
1 kg Forellenfilets ohne Haut,
   entgrätet
8 Schalotten, in feine Würfel
   geschnitten
1 kleines Stück Ingwerwurzel,
   in feine Würfel geschnitten
1 Stange Zitronengras, fein geschnitten
4 Zweige frischer Koriander, fein
   geschnitten
4 Knoblauchzehen, geschält und fein
   geschnitten
1 EL Puderzucker
1 EL Sojasauce
250 g weißer Spargel
16 Feigenblätter (im Asia-Laden erhältlich), in Aprikosen-Essig eingelegt
3 EL Erdnussöl

Sauce:
1 Spritzer Sojasauce
250 ml Weißwein
250 ml Fischfond, siehe Grundrezept
1 Spritzer Sweet Chili Sauce
Meersalz, Pfeffer aus der Mühle
1 Spritzer Zitronensaft

1. Für die Krautwickelfüllung die Forellenfilets in kleine Würfel schneiden. Die Schalottenwürfel, Ingwer, Zitronengras, Koriander und Knoblauch dazugeben, alles vermengen und mit Puderzucker und Sojasauce würzig abschmecken. Die Füllung für ca. 30 Minuten abgedeckt im Kühlschrank marinieren lassen.

2. Den Spargel schälen und in kleine Würfel schneiden. Die Fischmasse durch die feine Scheibe des Fleischwolfs drehen. Die Masse mit dem Spargel mischen und daraus 16 kleine Bällchen formen. Die Feigenblätter auslegen und je 1 Bällchen einrollen, mithilfe eines Zahnstochers fixieren.

3. Die Wickel von allen Seiten in Erdnussöl kurz anbraten, so dass sie leicht Farbe annehmen. Mit einem Spritzer Sojasauce und etwas Weißwein ablöschen. Dann den Fischfond dazugeben und zugedeckt ca. 10 Minuten leicht köcheln lassen.

4. Die Krautwickel herausnehmen, den restlichen Weißwein dazugeben und die Sauce auf ca. ein Drittel einkochen. Die Sauce mit der Sweet Chili Sauce, Salz, Pfeffer und etwas Zitronensaft abschmecken, durch ein feines Sieb passieren und anschließend noch einmal aufkochen und über die Krautwickel geben.

Kartoffel-Agnolotti
mit Erbsen und Gambas

Für 4 Personen

Agnolotti:
500 g Kartoffeln, vorwiegend
    festkochend
etwa 1,5 kg grobes Meersalz
30 g Mehl
30 g Maisstärke
3 Eigelb
100 g geschälte Erbsen
Olivenöl
Meersalz, Pfeffer aus der Mühle
Muskatnuss
etwas Butter

1,8 kg Gambas (Riesengarnelen)
Meersalz
Olivenöl

Sauce:
150 ml Weißwein
100 ml Wermuth
125 ml Fischfond, siehe Grundrezept
250 ml Geflügelfond, siehe
    Grundrezept
1 kleine Kartoffel, geschält und
    fein gerieben
25 ml Sahne
25 g Butter
1 Prise Safran
Meersalz, Pfeffer aus der Mühle

1. Die Kartoffeln auf einer Schicht grobem Salz ca. 1 Stunde in dem auf 170 °C vorgeheizten Backofen garen (da sich auf diese Art der Wassergehalt stärker reduziert, wird weniger Mehl benötigt und der Teig wird lockerer). Die Kartoffeln schälen, durch die Kartoffelpresse drücken und abkühlen lassen. Dann mit Mehl, Maisstärke und den Eigelben verkneten. Den Teig ca. 30 Minuten ruhen lassen.

2. Die Erbsen mit etwas Olivenöl in der Pfanne anschwitzen und mit wenig Wasser weich schmoren. Mit Salz, Pfeffer und Muskatnuss würzen, im Mixer pürieren und durch ein Sieb passieren.

3. Den Kartoffelteig dünn ausrollen und Kreise von 4 cm Durchmesser ausstechen. Kleine Häufchen der Erbsenfüllung in die Mitte setzen, die Agnolotti halbmondförmig verschließen und die Ränder andrücken.

4. Die Scampischwänze aus der Schale brechen, säubern, leicht salzen und 1–2 Minuten mit etwas Olivenöl in der Pfanne sautieren.

5. Für die Sauce den Weißwein mit dem Wermuth auf die Hälfte einkochen. Fisch- und Geflügelfond sowie die geriebene Kartoffel zugeben und die Flüssigkeit auf ca. 200 ml reduzieren. Die Sahne und die Butter dazugeben, aufkochen, mit dem Stabmixer aufschlagen und den Safran beifügen. Eventuell mit Salz und Pfeffer abschmecken und vor dem Anrichten nochmals durchmixen.

6. Die Agnolotti in reichlich siedendem Salzwasser kochen, sobald sie aufsteigen herausnehmen und in einer Pfanne mit etwas Butter leicht glasieren. In der Mitte der Teller anrichten, die Scampi darauf platzieren und die Safransauce angießen.

Konserven waren gestern! Oberstes Gebot sind Frische und Qualität.
Aus Dosen gibt es zur Not mal ein Bier, aber auf keinen Fall Erbsen.

Gebratene Gambas
in Safran mit Courgettengemüse

Für 4 Personen

Sauce:
1 Karotte
1 kl. Stück Sellerie
½ Fenchelknolle
1 kl. Stück Lauch
2 – 3 EL Butter
1 Schalotte, fein gewürfelt
½ TL Safranfäden
1 TL Pernod
3 EL Weißwein
2 EL Wermuth (Noilly Prat)
300 ml Fischfond, siehe Grundrezept
300 ml Geflügelfond, siehe Grundrezept
400 g Crème double
Meersalz
Zitronensaft

Courgettengemüse:
1 rote Paprika
2 kleine Courgetten (Zucchini)
1 EL Butter
Meersalz, Pfeffer aus der Mühle
Zucker

Gebratene Gambas:
20 Gambas, geputzt und vom Darm
    befreit (Riesengarnelen)
Meersalz, Pfeffer aus der Mühle
Olivenöl
1 EL Butter
5 Zweige Thymian
2 Knoblauchzehen, geschält

1. Für die Sauce die Karotte und Sellerie schälen, mit Fenchel und Lauch in grobe Würfel schneiden. In einem Topf in 1 EL Butter die Gemüse und die Schalotte farblos anschwitzen. Die Safranfäden dazugeben und mit Pernod, Weißwein und Wermuth ablöschen. Mit Fisch- und Geflügelfond auffüllen, auf ein Drittel reduzieren. Den dabei entstehenden Schaum abschöpfen. Crème double dazugeben und alles ca. 10 – 15 Minuten langsam einkochen. Die Sauce durch ein feines Sieb passieren, mit Salz und Zitronensaft kräftig abschmecken. Kurz vor dem Anrichten die Sauce mit etwas kalter Butter aufmontieren.

2. Für das Courgettengemüse die Paprikaschoten vierteln, schälen, vom Kerngehäuse befreien und in kleine Würfel schneiden. Die Courgetten (Zucchini) waschen und ebenfalls in kleine Würfel schneiden. Das Gemüse in einer Sauteuse mit etwas Butter anschwitzen, mit Salz, Pfeffer und Zucker würzen.

3. Die Gambas leicht salzen und pfeffern, dann in einer Pfanne mit etwas Olivenöl von beiden Seiten gut anbraten. Butter, Thymian und die angedrückten Knoblauchzehen dazugeben und die Gambas darin fertig garen.

4. Das Paprika-Courgetten-Gemüse in der Mitte des vorgewärmten Tellers anrichten, die Gambas darauf setzen und mit der aufgeschäumten Safransauce umgießen.

Das Entscheidende am Kochen ist nicht das Rezept, sondern das Abschmecken!

Italienischer
Fischeintopf

Suppe:
50 g Karotten, fein gewürfelt
50 g Schalotten, fein gewürfelt
50 g Sellerie, fein gewürfelt
2 Knoblauchzehen, fein gewürfelt
1 rote Chilischote, fein gewürfelt
Olivenöl
2 g Safran
200 ml Weißwein
500 ml Geflügelfond, siehe Grundrezept
500 ml Fischfond, siehe Grundrezept
500 g Dosentomaten
Meersalz, Pfeffer aus der Mühle
Zucker
Zitronensaft

Einlage:
12 Calamaretti, küchenfertig
200 g Schwertfischfilet ohne Haut
200 g Zanderfilet mit Haut
2 Rotbarbenfilets mit Haut
4 Langostinos, ausgebrochen
12 Miesmuscheln
gemahlener Koriander
5 Zweige Thymian
2 Stiele glatte Petersilie,
    fein geschnitten

Laugenchips:
2 Laugenbrötchen
Olivenöl
1 Knoblauchzehe, angedrückt

1. Für die Suppe das Gemüse in etwas Olivenöl leicht anschwitzen, den Safran dazugeben und mit dem Weißwein ablöschen. Mit den beiden Fonds aufgießen und alles auf die Hälfte einkochen, mit den Dosentomaten auffüllen und bei mittlerer Hitze 20 Minuten langsam einkochen. Das Ganze fein pürieren, durch ein Sieb passieren und mit Salz, Zucker, Pfeffer und Zitronensaft würzig abschmecken.

2. Für die Chips die Laugenbrötchen der Länge nach in Scheiben schneiden und in etwas Olivenöl knusprig braten, auf Küchenpapier abtropfen lassen und kurz vor dem Servieren mit etwas angedrücktem Knoblauch einreiben.

3. Die Calamaretti in feine Streifen schneiden, die Fischfilets in Portionsstücke schneiden. Alles mit Salz, Pfeffer und gemahlenem Koriander würzen. Die Calamaretti, die Langostinos und die Fische separat in einer Pfanne mit etwas Olivenöl und Thymian anbraten. Die Miesmuscheln mit Schale ebenfalls in etwas Olivenöl kurz anbraten, bis sie sich öffnen.

4. Die Suppe aufkochen und in die vorgewärmten tiefen Teller verteilen. Die gebratenen Fische, Calamaretti, Langostinos und Muscheln darin anrichten. Mit Petersilie bestreuen und etwas Olivenöl darüber träufeln. Die Laugenchips separat dazu reichen.

Wer ohne Salz kocht, dem fehlt wahrscheinlich auch der Pfeffer

Zweierlei vom Rotlachs
mit Büffelmozzarella

150 g gebeizter Lachs,
    siehe Grundrezept

Lachstatar:
250 g frischer Lachs ohne Haut
1 – 2 TL Zitronenöl
1 – 2 EL Olivenöl
1 Stiel Dill
6 Blätter Oregano
Abrieb von 1 Limone

Basilikumschmand:
½ Bund Basilikum
150 g Schmand
Saft von 1 Limette
1 Blatt Gelatine
75 g geschlagene Sahne
etwas heller Balsamico-Essig

Kaviar-Wodka-Crème fraîche:
3 EL Crème fraîche
1 EL Wodka
1 TL Orangensaft
1 TL Zitronensaft
Abrieb von ½ Orange
1–2 EL Kaviar

1. Den gebeizten Lachs von Haut und Tran befreien, dann in vier etwa gleich große Würfel schneiden. Bis zum Anrichten wieder kalt stellen.

2. Für den Lachstatar den frischen Lachs von Gräten und Tran befreien, in Folie einschlagen und für ca. 45 Minuten ins Tiefkühlfach legen. Wenn der Fisch etwas angefroren ist, in kleine feine Würfel schneiden, den Dill und Oregano fein schneiden und alles mit den restlichen Zutaten mischen. Mit Salz, Zucker und Pfeffer abschmecken.

3. Für den Basilikumschmand zunächst das Blatt Gelatine in kaltem Wasser einweichen, den Saft von der Limone erwärmen und die Gelatine darin auflösen. Den Schmand mit dem Basilikum fein mixen und durch ein Sieb passieren. Den Basilikumschmand mit Salz, Zucker, etwas hellem Balsamico-Essig und dem Limonensaft abschmecken und kalt stellen. Kurz vor dem Servieren die geschlagene Sahne unterheben.

4. Für die Kaviar-Wodka-Crème fraîche alle Zutaten bis auf den Kaviar miteinander vermischen, mit Salz und Zucker abschmecken. Den Kaviar nach dem Anrichten auf die Crème fraîche geben.

5. Für das Basilikumöl das Olivenöl mit dem Salz und Basilikum kurz anmixen. Das Rapsöl auf ca. 80°C erhitzen, danach zu dem Olivenöl geben und eine halbe Stunde ziehen lassen. Alles durch ein feines Sieb passieren.

6. Für die Balsamico-Lakritz-Reduktion den Zucker in einem Topf karamellisieren und mit dem Apfelsaft ablöschen. Den Balsamico-Essig dazu geben und alles auf ca. 50 ml einkochen, 1-2 EL Lakritzpaste unterrühren und auskühlen lassen.

7. Für die süß-sauer eingelegte Zesten diese getrennt voneinander 2-3 Mal für ca. 30 Sekunden in kochendem Salzwasser blanchieren. Den Zucker mit dem Wasser aufkochen und mit dem Balsamico-Essig 2-3 Minuten kochen. Den noch warmen süß-sauren Fond über die blanchierten Zesten geben und kalt stellen.

8. Für das Röstzwiebelpulver die Zwiebel schälen und mit einer Aufschnittmaschine in feine Ringe schneiden. Das Öl auf 180°C erhitzen, die Zwiebelringe kurz vor dem Frittieren mit dem Mehl bestäuben und goldgelb ausbacken. Die fertigen Röstzwiebeln auf Küchenpapier abtropfen und mit etwas Salz würzen. Für das Röstzwiebelpulver die fertigen Röstzwiebeln mit dem Messer fein hacken oder in der Mulinette fein mixen.

Basilikumöl:
2-3 Stiele Basilikum
100 ml Rapsöl
50 ml Olivenöl
1 TL Meersalz

Balsamico-Lakritz-Reduktion:
300 ml dunklen Balsamico-Essig
200 ml Apfelsaft
60 g Zucker
1-2 EL Lakritzpaste (im Gourmet-
    fachhandel erhältlich)

Süß-sauer eingelegte Zesten:
100 ml Wasser
100 g brauner Zucker
30 ml hellen Balsamico-Essig
Zesten von je 1 Orange und 1 Zitrone

Röstzwiebelpulver:
1 Zwiebel
1 EL Mehl
Öl zum Frittieren

Croûtons:
2 Scheiben Toastbrot
1 TL Butter
1 TL Olivenöl

4 Kugeln Büffelmozzarella à 30 g

Blattsalate nach Vorliebe
helles Balsamico-Dressing,
    siehe Grundrezept

Meersalz, Pfeffer aus der Mühle
Zucker

9. Für die Croûtons die Toastbrotscheiben von der Rinde befreien und in 1 x 1cm große Würfel schneiden. Das Öl in einer Pfanne erwärmen, die Butter zugeben und die Brotwürfel darin goldgelb rösten. Mit Salz würzen und auf Küchenpapier abtropfen lassen.

10. Den Mozzarella abtropfen lassen und in vier bis fünf Scheiben schneiden. Abgedeckt bis zum Anrichten kalt stellen. Kurz vor dem Servieren mit Salz und Pfeffer würzen.

11. Das Lachstatar mithilfe eines eckigen Ausstechers etwas links von der Mitte auf einem Teller anrichten. Auf das Tatar 1-2 EL Basilikumschmand geben und die Mozzarellascheiben darauf setzen, mit etwas Röstzwiebelpulver garnieren. Rechts daneben einen Würfel gebeizten Lachs setzen und mit ein paar süß-sauer eingelegten Zitronen- und Orangen-Zesten garnieren. Links und rechts je einen Punkt Crème fraîche setzen und mit etwas Kaviar dekorieren. Den Salat mit etwas Dressing marinieren und in der Mitte platzieren, die Croûtons darüber geben. Zum Schluss den Teller mit dem Basilikumöl und der Balsamico-Lakritz-Reduktion dekorativ ausgarnieren.

Food trifft Design: So macht Lachs richtig was her.

Thunfischröllchen
mit Buttermilch-Mango-Panna Cotta auf Frühlingslauchsalat mit gebackenem Langostino

Für 4 Personen

300 g Thunfisch (Sushi-Qualität)
je 1 TL weiße und schwarze
    Sesamkörner, geröstet
Olivenöl

Buttermilch-Mango-Panna Cotta:
100 ml Sahne
Mark von ½ Vanilleschote
4 Blatt Gelatine
300 ml Buttermilch
Saft von ½ Zitrone
Cayennepfeffer

1 reife Mango (Flugware)
200 ml Weißwein
Saft von ½ Zitrone
1 kleine Knolle Ingwer, geschält
    und in Würfel geschnitten
1 Blatt Gelatine

1.   Den Thunfisch säubern, mit Klarsichtfolie zu einer Rolle formen, in Alufolie einwickeln und ca. 5 – 6 Stunden einfrieren.

2.   Für die Buttermilch-Mango-Panna Cotta die Sahne mit dem Vanillemark aufkochen, den Topf vom Herd nehmen und die eingeweichte und ausgedrückte Gelatine darin auflösen, die Buttermilch dazugeben und mit Salz, Cayennepfeffer, Zucker und Zitronensaft abschmecken. Etwas mehr als die Hälfte der Masse (ca. 250 ml) in eine rechteckige Form ca. 1 – 1,5 cm hoch gießen.

3.   Den Rest der Masse – für die Füllung der Thunfischröllchen – in eine andere Form ca. 1 cm hoch füllen und kalt stellen.

4.   Die Mango schälen, in grobe Würfel schneiden und in einem Topf mit dem Weißwein und Zitronensaft mixen, den Ingwer dazugeben und das Ganze bei mittlerer Hitze auf ca. 100 ml reduzieren lassen. Dann durch ein Sieb passieren, mit Salz und Zucker abschmecken. Die eingeweichte und ausgedrückte Gelatine in der noch warmen Masse auflösen. Dann über einem Eis-Wasserbad kalt rühren und auf die Buttermilch-Panna Cotta gießen.

5. Die Langostinos ausbrechen, unter kaltem Wasser abspülen und mit Salz und Pfeffer würzen. Erst in Mehl, dann in verquirltem Ei wälzen und mit dem Paniermehl ummanteln.

6. Für den Frühlingslauchsalat die Stangen in feine Ringe schneiden und im Salz-Zucker-Wasser blanchieren. Die Paprika schälen und in kleine Würfel schneiden. Mit etwas Knoblauch, Essig, Öl, Salz, Zucker und Chili abschmecken. Zum Schluss die Aprikosenkonfitüre dazugeben.

7. Für das Mangochutney Mango, Sellerie und Zwiebel fein würfeln und in Olivenöl andünsten. Dann die Knoblauchzehe und den Zucker dazugeben, mit Essig ablöschen und etwa 20 Minuten köcheln lassen. Mit Salz und Cayennepfeffer abschmecken und abkühlen lassen.

8. Den Thunfisch aus dem Gefrierfach nehmen und auf der Aufschnittmaschine acht ca. 5 mm dicke Scheiben schneiden und nebeneinander auf ein mit Öl bestrichenes Backpapier legen. Die Buttermilch-Panna Cotta für die Füllung der Thunfischröllchen in 1 x 6 cm große Balken schneiden. Die Thunfischscheiben mit etwas Mango-Chutney bestreichen, 1 Stück Buttermilch-Panna Cotta darauf legen, mit etwas Frühlingslauchsalat bedecken und vorsichtig rollen.

Langostinos:
4 Langostinos
1 Ei
etwas Paniermehl
Öl zum Frittieren

Frühlingslauchsalat:
3–4 Stangen Frühlingslauch
½ rote Paprika
1 Knoblauchzehe
etwas heller Balsamico-Essig
Olivenöl
Meersalz, Zucker
1 Msp. Chili
1–2 EL Aprikosenkonfitüre

Mangochutney:
½ Thai-Mango
1 Stange Staudensellerie
½ Zwiebel
1 Knoblauchzehe
20 g Zucker
1 EL Sherryessig
Cayennepfeffer
Meersalz, Pfeffer aus der Mühle

9. Den restlichen Thunfisch für ein Tatar in kleine Würfel schneiden und mit Sesam- und Olivenöl, Salz, Zucker und etwas Zitronensaft abschmecken.

10. Die Buttermilch-Mango-Panna Cotta in ca. 3 x 5 cm große Rechtecke schneiden und in der Mitte des Tellers anrichten. Darauf zwei Thunfischröllchen setzen und leicht salzen. Das Tatar mithilfe einer rechteckigen Form links daneben platzieren und in der Form etwas andrücken. Die Langostinos in heißem Fett frittieren, auf einem Küchenpapier abtropfen lassen und leicht salzen. Das Ganze mit etwas Olivenöl beträufeln.

11. Als Garnitur empfehlen wir eine handvoll Blattsalate mit einem hellen Balsamico-Dressing.

Dieses Gericht ist eine Herausforderung — beweisen Sie Ihre Kochkunst!

Carpaccio vom Eisbein

mit Flusskrebsen und Kohlrabi

Für 4 Personen

Eisbein:
1 Eisbein, gepökelt, ca. 700 g
1 große Gemüsezwiebel
2 Karotten
2 Stängel Staudensellerie
1 kleine Petersilienwurzel
1 Lorbeerblatt
6 Nelken
1 TL Kümmel
3 Wacholderbeeren
5 Pimentkörner
1 TL weiße Pfefferkörner
100 ml Weißwein-Essig
grober Senf
weißer Balsamico-Essig
Meersalz, Pfeffer aus der Mühle

Schweinefüße:
2 Schweinefüße, gekocht und
    ausgelöst (auf Vorbestellung)
Meersalz, weißer Pfeffer aus der Mühle
100 g Mehl
2 Eier
200 g Semmelbrösel

1.　　Das Eisbein in kaltem Wasser aufsetzen, aufkochen und eventuell abschäumen. Das Gemüse, die Gewürze und den Weißwein-Essig dazugeben und bei milder Hitze etwa eineinhalb Stunden köcheln lassen. Herausnehmen und das Fleisch noch heiß auslösen; dabei Fett, Knochen, Sehnen und Schwarten entfernen.

2.　　Die Fleischstücke mit Senf, Balsamico, Salz und Pfeffer kräftig abschmecken, in eine Terrine schichten, pressen und über Nacht kalt stellen.

3.　　Die Schweinefußstücke mit Salz und Pfeffer würzen, in eine passende Form pressen oder wie kleine Bonbons fest in Alufolie wickeln und kalt stellen. Vor dem Anrichten der Reihe nach mit Mehl, verquirlten Eiern und Semmelbröseln panieren und in 170 °C heißem Öl zwei bis drei Minuten backen.

4. Für die Krebse in einem großen Topf Wasser mit den Gemüsen und Gewürzen aufkochen, zehn Minuten ziehen lassen, noch einmal aufkochen und die Krebse hineingeben. Eine Minute ziehen lassen, herausnehmen, in gesalzenem Eiswasser abschrecken und ausbrechen. Schwänze und Scheren in brauner Butter warm schwenken, salzen und mit Limonensaft beträufeln.

5. Die Zutaten für die Vinaigrette verrühren und abschmecken. Die Eisbein-Terrine mit der Maschine dünn aufschneiden, auf Teller legen und mit der Vinaigrette beträufeln. Flusskrebse, Schweinefuß-Stücke und die mit Vinaigrette angemachten Kohlrabischeiben darauf anrichten. Mit Kalbssauce (siehe Grundrezepte) und Olivenöl garnieren.

Pflanzenöl zum Ausbacken
Flusskrebse:
5 Schalotten, im Ganzen, geschält
1 kleine Fenchelknolle, geviertelt
1 Stängel Staudensellerie
1 Lorbeerblatt
1 TL Kümmel
1 TL weiße Pfefferkörner
4 Sternanis
Meersalz
1 kleine rote Chilischote
8 frische Flusskrebse, 100 – 120 g pro
    Stück
braune Butter
Limonensaft

Vinaigrette:
100 ml trockener Riesling
3 cl Rotwein-Essig
3 cl Sherry-Essig
100 ml Sonnenblumenöl
Meersalz, Zucker

12 Kohlrabischeiben, von der rohen
    Knolle mit der Maschine dünn
    geschnitten

Garnitur:
Kalbssauce nach Grundrezept
Olivenöl

163

BEI EINEM GEMÜT-
LICHEN **GET TOGETHER** sollten

alle auf ihre Kosten kommen. Immer im Haus habe ich deshalb Bier und Weine, Gin und Wodka, Tonic Water und Tomatensaft, Kräuterschnaps und ein paar Edelbrände. Außerdem Eis sowie Wasser mit und ohne Kohlensäure, Tee und Kaffee – und für Abstinenzler lieber Eistee als Säfte. Fehlt nur noch ein Snack: Chips, Salzstangen und Grissini, Oliven und Mandeln, Frischkäse mit Paprika oder auch mal eine feine Käseplatte mit Feigensenf.

VERSINKEN
WENN ES GEMÜTLICH WIRD

EIN GUTES GLAS WEIN IST AUSDRUCK VON STIL – DAS GILT FÜRS GEFÄSS GENAUSO WIE FÜR DEN INHALT. Außerdem haben die Gläser auch einen direkten Einfluss auf den Geschmack des Weins. Für Korkenzieher gilt das zwar nicht, aber ausgefeilte oder originelle Utensilien können den Weingenuss durchaus noch steigern.

Vergessen Sie auf jeden Fall das Märchen, ein guter Wein brauche echten Kork. Viel **zeitgemäßer und besser für edle Tropfen sind Glas- oder Schraubverschlüsse.** Denn die bewahren das Weinaroma und korken eben nicht.

Um jeden Wein ideal zur Geltung zu bringen, sollte man **Weißwein-, Burgunder- und Bordeauxgläser im Schrank** haben, dazu natürlich auch Sekt- bzw. Champagner- sowie Wassergläser. Auch ein Dekanter ist für viele Weine unverzichtbar, um ihnen Luft zu geben und/oder sie von Satz zu befreien. Ich selbst finde Dekanter-Enten toll.

Beim Thema **Korkenzieher** sucht sich am besten jeder das Gerät, mit dem ihm das Entkorken einer guten Flasche Wein am meisten Spaß macht. Billig sollte das Teil nicht sein, sondern preis-wert. Ob es dann ein Perlmuttgriff sein muss, ist schlicht und einfach Geschmackssache.

Praktisch finde ich auch so genannte **DropStops**. Das sind dünne Kunststoffscheiben, die man aufrollt und in den Flaschenhals steckt. So geht beim Ausgießen kein Tropfen daneben — eine durchaus sinnvolle Spielerei.

Marinierter Wildlachs
mit Räucheraroma, Orange und Kaffeeschaum

Für 4 Personen

400 g Wildlachs, geschuppt und
    entgrätet
Olivenöl
Räucheröl
Meersalz, Pfeffer aus der Mühle

Marinade:
1 Stange Zitronengras
5 Stiele frischer Koriander
5 Stiele Dill
2 Kaffir-Limetten-Blätter
2 EL Koriandersamen, zerstoßen
2 EL Fenchelsamen, zerstoßen
1 TL schwarze Pfefferkörner, zerstoßen
10 Scheiben eingelegter Ingwer
2 EL Zucker
2 EL Meersalz
100 ml Orangensaft

1. Den Lachs in vier Stücke portionieren. Für die Marinade Zitronengras, Koriander, Dill und Limettenblätter fein schneiden und mit den restlichen Zutaten vermengen. Den Lachs in vier Stücke portionieren und einzeln in Frischhaltefolie einwickeln, mit einer Rouladennadel vorsichtig einige Löcher in die Folie stechen. Die Lachsstücke mit der Marinade in einen Beutel geben, vakuumieren und kalt stellen.

2. Für das Orangengelée die Orange waschen und mit 500 ml Wasser, dem Sternanis, Nelken, Fenchelsamen und Zimtstange abgedeckt ca. 2 Stunden leicht köcheln. Die Orange aus dem Wasser nehmen, mit dem Zucker fein pürieren und durch ein feines Sieb passieren. Einen Teil davon erwärmen und die in etwas Wasser eingeweichte und ausgedrückte Gelatine darin auflösen. Dann mit dem restlichen Orangenpüree mischen, in ein mit Frischhaltefolie ausgelegtes rechteckiges Gefäß gießen und für ca. 3 Stunden kalt stellen. Kurz vor dem Servieren in Würfel schneiden.

3. Für die Orangenglasur den Saft mit der Marmelade, dem Abrieb und etwas Zucker ca. 15 Minuten leicht dicklich einkochen. Kurz vor dem Anrichten mit einem Spritzer Olivenöl aufmontieren.

4. Den Espresso mit der Milch aufkochen und mit Salz, Zucker und einem Spritzer Zitronensaft abschmecken.

5. Den vakuumierten Lachs im Wasserbad bei ca. 60 °C für ca. 7 Minuten pochieren. Vorsichtig auspacken, auf Küchenpapier abtropfen lassen und in einer Pfanne mit etwas Olivenöl auf der Hautseite 4–5 Minuten nachbraten, so dass die Haut kross wird.

Die Fleischseite mit etwas Räucheröl einpinseln und den Fisch mit Salz und Pfeffer würzen.

6.   Die warme Orangenglasur auf vorgewärmten Tellern verteilen und den Lachs mit der Hautseite nach oben darauf setzen. Mit den Orangengeléewürfeln dekorieren. Den Kaffeeschaum mit einem Stabmixer aufschäumen und mit einem Löffel auf dem Teller anrichten.

Orangengelée:
1 Orange
2 Stk. Sternanis
3 Nelken
1 TL Fenchelsamen
1 Zimtstange
150 g Zucker
3 Blatt Gelatine

Orangenglasur:
Saft von 4 Orangen
2 EL Orangenmarmelade
Abrieb von 1 Orange
Zucker
etwas Olivenöl

Kaffeeschaum:
1 Tasse Espresso
250 ml Milch
Meersalz, Zucker
Zitronensaft

Aromaküche – für Männer auf der Suche nach neuen Zubereitungsarten.

Süß-saure Gelées

Wie das Orangengelée sind auch diese eine dekorative und köstliche Garnitur. Sie passen wunderbar zu Salaten und Vorspeisen.

Grüner-Tee-Gelée

1. 300 ml Wasser mit der Vanille und 30 g Zucker aufkochen. Den grünen Tee und den Limettenabrieb dazugeben und für 20 Minuten ziehen lassen.

2. Den Tee durch ein feines Sieb passieren. Einen Teil davon aufkochen und die in etwas Wasser eingeweichte und ausgedrückte Gelatine darin auflösen. Die restliche Flüssigkeit dazugeben und das Ganze in eine mit Frischhaltefolie ausgelegte Form gießen (ca. 2–3 cm hoch). Dann für ca. 3 Stunden kalt stellen.

3. Das Gelée in die gewünschte Form schneiden. Den restlichen Zucker mit dem Vitamin-C-Pulver mischen und kurz vor dem Servieren das portionierte Gelée darin wenden.

Gezuckertes Grapefruit-Gelée

1. Die Minzblätter abzupfen und mit 30 g Zucker im Mörser fein zerstoßen.

2. 100 ml Grapefruitsaft erwärmen, das Minz-Zucker-Gemisch dazugeben und für ca. 15 Minuten am Herdrand ziehen lassen. Dann aufkochen, die in etwas Wasser eingeweichte und ausgedrückte Gelatine darin auflösen und durch ein Sieb passieren. Mit dem Limettensaft und dem restlichen Grapefruitsaft mischen und

Grüner-Tee-Gelée

Mark von ½ Vanilleschote
55 g Zucker
30 g grüner Tee
Abrieb von ½ Limette
5 Blatt Gelatine
8 g Vitamin-C-Pulver

Gezuckertes Grapefruit-Gelée

5 Zweige Minze
45 g Zucker
300 ml frisch gepresster Grapefruitsaft
8 Blatt Gelatine
Saft von 2 Limetten
4 g Vitamin-C-Pulver

in eine mit Frischhaltefolie ausgelegte Form gießen (ca. 2–3 cm hoch). Dann für ca. 3 Stunden kalt stellen.

3. Das Gelée in die gewünschte Form schneiden. Den restlichen Zucker mit dem Vitamin-C-Pulver mischen und kurz vor dem Servieren eine Seite des Gelées damit bestreuen.

Ananas-Pfeffer-Gelée mit karamellisiertem Kaffee

1. 40 g Zucker mit dem Zitronen- und Limettensaft aufkochen, die in etwas Wasser eingeweichte und ausgedrückte Gelatine darin auflösen, den Ananassaft und rosa Pfeffer dazugeben und mit Cayennepfeffer abschmecken. Das Ganze in eine mit Frischhaltefolie ausgelegte rechteckige Form gießen (ca. 2–3 cm hoch). Dann für ca. 3 Stunden kalt stellen.

2. Das Gelée in die gewünschte Form schneiden.

3. 50 ml Wasser mit dem restlichen Zucker zu einem Karamell kochen und die gerösteten Kaffeebohnen darin glasieren. Mit etwas Olivenöl beträufeln, dann auf ein mit Backpapier ausgelegtes Blech geben und auskühlen lassen. Die Kaffeebohnen leicht salzen und mit einem Messer fein hacken. Kurz vor dem Servieren die Geléewürfel darin wälzen.

Ananas-Pfeffer-Gelée mit karamellisiertem Kaffee

70 g Zucker
Saft von 1 Zitrone
Saft von 1 Limette
5 Blatt Gelatine
300 ml Ananassaft
1 TL rosa Pfeffer, fein geschrotet
1 Prise Cayennepfeffer
25 g geröstete Kaffeebohnen
1 TL Olivenöl
1 Prise Meersalz

Sugo und Rücken vom Reh

mit Jakobsmuschel

1. Den Risottoreis in etwas Olivenöl mit Zwiebel, Knoblauch und Thymian anschwitzen, bis die Zwiebelränder braun werden. Dann salzen und mit Weißwein ablöschen. Das Ganze reduzieren und nach und nach unter ständigem Rühren mit kochendem Geflügelfond aufgießen. Von Zeit zu Zeit ein Stückchen Butter zugeben und kurz vor der Fertigstellung mit Parmesan und dem Vanillemark abschmecken. Die Masse auf ein Blech gießen und ca. 2 Stunden abkühlen lassen.

2. Für den Sugo die Rehschulter in einem Bräter anbraten, Zwiebeln, Knoblauch und Gemüse dazugeben und mitbraten, bis alles Farbe angenommen hat. Dann mit dem Rotwein ablöschen und reduzieren lassen. Mit dem Geflügelfond aufgießen und zugedeckt bei 160 °C ca. 1,5 Stunden fertig schmoren. Dann das Fleisch aus dem Sugo heben, Fleisch vom Knochen lösen und den Fond durch ein grobes Sieb passieren. Die Sauce sämig einreduzieren. Das Fleisch klein schneiden, in die Sauce geben und kurz vor dem Servieren mit fein geriebener Schokolade, Salz, Zucker und Pfeffer abschmecken.

3. Das Rückenfilet salzen und pfeffern. In Butter rundum mit Rosmarin, Thymian und Wacholder goldbraun anbraten. Kurz vor dem gewünschten Garpunkt die mit Salz und Pfeffer gewürzten Jakobsmuscheln zugeben und kurz mitbraten.

Risottotaler:
200 g Risottoreis
1 –2 EL Olivenöl
1 Zwiebel, geschält und fein gewürfelt
1 Knoblauchzehe, geschält und fein gewürfelt
1 Zweig Thymian
Meersalz
200 ml Weißwein
200 ml Geflügelfond, siehe Grundrezept
Butter
150 g Parmesan
Mark von 2 Vanilleschoten
1 EL Mehl
Pflanzenöl

4. Das Fleisch kurz ruhen lassen, dann in Stücke schneiden und abwechselnd mit den Jakobsmuscheln auf die Schaschlikspieße stecken.

5. Den Rosenkohl blättrig zupfen, in etwas Butter kurz anschwitzen, salzen und pfeffern.

6. Aus dem Risotto mit einem Ring 4 Taler ausstechen, diese mehlieren und in der Pfanne mit etwas Öl goldgelb anbraten.

7. Jeweils einen Risottotaler in der Mitte des Tellers anrichten. Daneben einige Rosenkohlblätter geben. Den Rehrücken-Jakobsmuschel-Spieß auf den Risottotaler setzen und mit dem erwärmten Sugo umgießen.

Sugo:
1 kleine Rehschulter mit Knochen
(ca. 650 g)
150 g Zwiebeln, geschält und grob
gehackt
2 Knoblauchzehen, ungeschält
250 g Karotten, in Scheiben geschnitten
1 Selleriestange, in dünne Scheiben
geschnitten
200 ml Rotwein
1,5 l Geflügelfond
50 g Bitterkuvertüre
Meersalz, Zucker
Pfeffer aus der Mühle

Rücken:
400 g Rehrücken, ausgelöst
Meersalz, Pfeffer aus der Mühle
1 – 2 EL Butter
Rosmarin
Thymian
Wacholder

4 Jakobsmuscheln, ohne Corail
Meersalz, Pfeffer aus der Mühle
4 Schaschlikspieße

200 g Rosenkohl
1 EL Butter
Meersalz, Pfeffer aus der Mühle

Getrüffelter
Brie

1. Den Laib Brie in 3 gleich dicke Lagen schneiden. Einen Teil des Käses von den einzelnen Scheiben vorsichtig abschaben und in eine Schüssel geben.

2. Den Sauerrahm leicht erwärmen und die in etwas Wasser eingeweichte und ausgedrückte Gelatine darin auflösen. Dann zu dem Brie in die Schüssel geben und mit den restlichen Zutaten mit einem Handrührgerät cremig aufschlagen. Mit Salz, Pfeffer und Zitronensaft abschmecken.

3. Die Hälfte der Crème auf den unteren Brie-„Boden" streichen, dann die mittlere Scheibe darauf setzen, diese mit der verbleibenden Crème bestreichen und mit dem Brie-"Deckel" abschließen. Die Brietorte mit Frischhaltefolie umwickeln und für mindestens 2 – 3 Stunden kalt stellen.

4. Den Brie in Stücke schneiden und vor dem Servieren ca. 20 Minuten bei Zimmertemperatur sein Aroma entfalten lassen.

1 Laib Brie-Käse
1 EL Sauerrahm
1 Blatt Gelatine
2 EL Crème double
2 EL Frischkäse
1 schwarze Trüffel, fein gewürfelt
1–2 TL Trüffelöl
Meersalz, weißer Pfeffer
Zitronensaft

Dolle Knollen – Trüffel gelten als Königin der Delikatessen

Feigensenf

60 g Zucker
500 ml Rotwein
240 ml roter Traubensaft
10 Feigen
1 Zweig Rosmarin
2 EL Pommery Senf
2 EL mittelscharfer Senf
Zucker, Meersalz
Zitronensaft

Den Zucker in einer Sauteuse karamellisieren, dann mit Rotwein und Traubensaft ablöschen. Die Feigen vierteln und mit dem Rosmarin dazugeben. Das Ganze reduzieren, bis die Flüssigkeit fast vollkommen eingekocht ist. Den Rosmarinzweig entfernen, dann die Feigenmasse mit den beiden Senfsorten fein pürieren. Mit etwas Zucker, Salz und Zitronensaft kräftig abschmecken.

Weiße Oliventrüffel

mit Schokoladensalz

40 g schwarze Oliven, entsteint
50 g Zucker
150 g weiße Kuvertüre
35 g Sahne
1 EL Olivenöl
1 Prise Meersalz
Kakaopulver
Schokoladensalz (Ingo Holland)

1. Die Oliven in kleine Würfel schneiden. Den Zucker mit 50 ml Wasser aufkochen, die Olivenwürfel hinein geben und ca. 5 Minuten darin ziehen lassen. Dann abpassieren und kalt stellen.

2. Die weiße Kuvertüre klein hacken, dann mit der einmal aufgekochten Sahne übergießen und glatt rühren. Das Olivenöl, eine Prise Salz und die Olivenwürfel vorsichtig einarbeiten, dann kalt stellen.

3. Die abgekühlte Masse mit einem Handrührgerät leicht aufschlagen und in einen Spritzbeutel füllen. Auf ein mit Backpapier ausgelegtes Blech walnussgroße Häufchen setzen und wieder für ca. 1 Stunde kalt stellen. Etwas Kakao mit etwas Schokoladensalz mischen. Die Olivenschokolade zu Kugeln formen und vorsichtig in dem Kakaosalz wälzen.

Feigensenf passt hervorragend zu einer Käseplatte.

Spundekäse

1.   Die Schalotten in etwas Olivenöl glasig anschwitzen. Dann mit den restlichen Zutaten vermengen und mit Salz, Zucker und Zitronensaft kräftig abschmecken. Nach Belieben mit Radieschenscheiben, Paprikaringen und Schalottenringen garnieren.

1 Schalotte, fein gewürfelt
etwas Olivenöl
3 EL Sauerrahm
300 g Frischkäse
¼ rote Paprika, enthäutet und fein
　gewürfelt
1 TL Paprikapulver
1 Stiel glatte Petersilie,
　fein geschnitten
Meersalz, Zucker
Zitronensaft

Garnitur:
Radieschenscheiben
Paprikaringe
Schalottenringe

Spundekäse schmeckt zu Brezeln und aufs Brot

SÜSSES PASST ZU JEDER TAGESZEIT –

VOM FRÜHSTÜCK BIS ZUM MITTER-NACHTSSNACK. Aber bitte nicht ständig auf weißen Zucker verlassen. Der schmeckt ja immer gleich! Auch bei Zucker gilt: Je dunkler, desto aromatischer. Vor allem aber bringen Süßmittel wie Honig oder Ahornsirup köstliche Nuancen auf die Zunge, die je nach Herkunft variieren. Und: Alles Saure und Scharfe braucht auch eine Prise Zucker.

VERNASCHT
WENN ES SÜSS SEIN SOLL

GANZ EHRLICH: MARKENNAMEN BEDEUTEN MIR BEI KAKAO UND SCHOKOLADE GAR NICHTS. Hier muss einfach jeder die passenden Sorten für seine Vorlieben finden. Bei Kakao ist ein hoher Fettgehalt wichtig fürs Aroma, bei Schokolade würde ich sagen: Zum Sommer passen milde Sorten mit mehr Milch, im Winter können es auch würzigere schwere Sorten sein.

Bei **aromatisierten Schokoladen** stehe ich auf Klassiker: Schoko mit Kaffee, Schoko mit Orange und Zitrone oder auch Schoko mit Chili. Aber es ist auch spannend, neue Kombinationen auszutesten — und sei es weiße Schokolade mit Thymian oder Feinbitterschokolade mit Bergkäse.

In der Küche passt Schokolade natürlich zu Desserts, Pralinen und allen Sorten von süßem Gebäck. Sehr harmonisch ist die **Verbindung von Schokosüße mit Fruchtsäure,** geradezu genial die Synthese aus Kakao und Beerenfrüchten. So eine Süßspeise kann man — je nach Jahreszeit — sogar als Vorspeise servieren, etwa „Himmel und Erde" von Kakao und Passionsfrucht.

In der **herzhaften Küche** harmoniert Schokolade besonders gut mit würzigen Wild- und Schmorgerichten wie Hasenragout, am besten noch mit einem Pfiff Chili.

Super vertragen sich übrigens auch **Olive und Schokolade:** Für leckere Petit Fours milde schwarze Oliven klein schneiden, mit abgeriebener Zitronenschale und einem Tropfen Olivenöl auf einen Löffel geben und mit flüssiger weißer Schokolade bedecken. Auskühlen lassen und zum Kaffee servieren — ein Knaller!

Schokoladenbrownie
mit Aprikose und Sesam

1. Zuerst die Butter und die Schokolade über dem Wasserbad schmelzen lassen. Die Eier mit dem Zucker und dem braunen Zucker zu einer festen steifen Masse schlagen. Das Mehl mit dem Kakao mischen und langsam unter die aufgeschlagene Ei-Zucker-Masse geben. Dann die Schokolade und Butter unterheben.

2. Die Teigmasse auf ein mit Backpapier ausgelegtes Backblech geben und mithilfe einer Palette glatt streichen. Im vorgeheizten Backofen bei 180 °C ca. 30 – 40 Minuten backen. Den Brownie ca. 30 Minuten auskühlen lassen und kalt stellen.

3. Die Aprikosenkonfitüre mit dem Saft in einem kleinen Topf leicht erwärmen und mit einem Pinsel gleichmäßig auf dem Brownie verteilen. Die leicht gerösteten Sesamkörner über den Brownie streuen, dann den Brownie für ca. 2 Stunden kalt stellen. Mit einem im Wasser erwärmten Messer in gewünschte Portionen schneiden.

Für eine runde Backform oder
   ein halbes Backblech:
150 g Butter
110 g Schokolade (70% Kakaogehalt)
3 Eier
60 g Zucker
50 g brauner Zucker
35 g Mehl
15 g Kakao
4 EL Aprikosenkonfitüre
50 ml Aprikosensaft
3 – 4 EL Sesam, leicht angeröstet

Crème brûlée
mit Kakao

1. Die Eier mit Zucker, Vanillezucker und Salz verrühren. Milch und Sahne zum Kochen bringen, Kakaopulver unterrühren, dann in die Eimasse einrühren. In feuerfeste Förmchen füllen und im Wasserbad im vorgeheizten Backofen bei 160 °C etwa 50 Minuten stocken lassen. Damit sich an der Oberseite keine Haut bildet, mit einem Backblech abdecken. Nach dem Garen kalt stellen.

2. Die Crème mit braunem Zucker bestreuen. Mit einem Bunsenbrenner oder Salamander (starker Grill) den Zucker karamellisieren.

Für 4 Personen

4 Eier
50 g Zucker
10 g Vanillezucker
1 Prise Salz
350 ml Milch
150 ml Sahne
50 g Kakaopulver
grober brauner Zucker zum
    Karamellisieren

Schokoladen-Tartelettes
mit Himbeeren und Knallbrause

Für 8 Tartelettes

Schokoladen-Mürbteig:
125 g Butter (Zimmertemperatur)
75 g Puderzucker
1 Ei
1 Prise Salz
200 g Mehl
25 g Haselnüsse, geröstet und
gemahlen
10 g Kakaopulver
1 TL Vanillezucker

Himbeergelée:
200 g Himbeeren
75 g Zucker
Mark von ½ Vanilleschote
8 Blatt Gelatine
Saft von 1 Zitrone
1 Spritzer Himbeergeist

1 – 2 Schälchen Himbeeren
Peta Zeta (Knallbrause)
Himbeersirup

1. Für den Schokoladenmürbteig die Butter mit dem Puderzucker verkneten, dann das Ei untermischen. Die restlichen Zutaten unterkneten. Den fertigen Teig für mindestens 30 Minuten kalt stellen.

2. Für das Himbeergelée die Himbeeren mit dem Zucker pürieren, einmal richtig aufkochen und durch ein feines Sieb passieren. Dann das Vanillemark hinzufügen, den Himbeersaft erneut erwärmen und die in etwas Wasser eingeweichte und ausgedrückte Gelatine darin auflösen. Mit Zitronensaft und Himbeergeist abschmecken.

3. Inzwischen den Schokoladenmürbteig auf einer bemehlten Arbeitsfläche mit einem Nudelholz ca. 5 mm dünn ausrollen. Den Teig in Tarteletteformen mit 10 cm Durchmesser geben, mit einer Gabel leicht einstechen und im vorgeheizten Backofen bei 175 °C ca. 10 Minuten backen.

4. Die Tartelettes auf einem Gitter auskühlen lassen, danach mit dem lauwarmen Himbeergelée zu zwei Dritteln füllen und für ca. 30 Minuten kaltstellen.

5. Kurz vor dem Verzehr die frischen Himbeeren mit dem Peta Zeta füllen und auf die Tartelettes setzen. Mit etwas Himbeersirup beträufeln.

6. Für die Schokoladencrumbles alle Zutaten bis auf die Kuvertüre zu einer festen Masse verkneten und durch ein grobes Sieb zerbröseln. Auf ein mit Backpapier ausgelegtes Blech im vorgeheizten Ofen bei 160 °C ca. 10-12 Minuten backen, anschließend auskühlen lassen. Die Kuvertüre über einem Wasserbad schmelzen, mit den erkalteten Streuseln mischen, kaltstellen und vor dem Servieren zu Crumbles zerbröseln.

7. Die Granité mithilfe einer Gabel abkratzen, mit den Passionsfruchtgeléewürfeln und ein paar Granatapfelkernen mischen und auf die Canache geben. Mit einem warmen Löffel eine Nocke von dem Granatapfelsorbet abstechen und darauf setzen, mit dem Espuma auffüllen. Das Ganze mit etwas Kakaopulver bestäuben und mit etwas Minze garnieren.

Passionsfruchtespuma:
350 ml Passionsfruchtsaft
75 g Zucker
Mark von ½ Vanilleschote
Abrieb von ½ Orange
2 Blatt Gelatine
50 ml Sahne

Schokoladencrumbles:
100 g Mehl
25 g Speisestärke
25 g Kakaopulver
60 g Haselnüsse, gemahlen
50 g brauner Zucker
50 g Butter
1/3 TL Salz
Mark von ½ Vanilleschote
60 g Vollmilchkuvertüre

Dekoration:
Granatapfelkerne
Kakaopulver zum Bestäuben
Minze

Ein Highend-Dessert, das Präzision und Geduld benötigt

Mokka-Mascarpone-Knusperschnitte

Kaffeekrokant:
60 g Fondant (Zuckermasse, erhältlich
    im Feinkosthandel)
40 g Glukose
1 EL Kaffeebohnen

Knusperboden:
75 g Vollmilchschokolade (35% Kakao-
    gehalt)
150 g dunkler Nougat
75 g Cornflakes

Kaffee-Canache:
100 ml Milch
100 ml Sahne
25 g Zucker
50 g geröstete Kaffeebohnen
40 g Eigelb
2 Blatt Gelatine
75 Bitterschokolade (75% Kakaogehalt),
    klein gehackt

1. Für den Krokant den Fondant mit der Glukose mischen und so lange einkochen, bis die Masse bernsteinfarben ist. Dann auf eine Silikonbackmatte gießen und auskühlen lassen. Den Krokant grob brechen und mit den Kaffeebohnen in einem Mixer zu Staub zerkleinern. Diesen mithilfe eines Siebs gleichmäßig auf eine Silikonbackmatte streuen. Für ca. 1-2 Minuten in den auf 160°C vorgeheizten Backofen geben, dann herausnehmen und erkalten lassen. Anschließend den Krokant vorsichtig von der Backmatte lösen und vor dem Anrichten in beliebig große Stücke brechen.

2. Für den Knusperboden die Schokolade mit dem Nougat über dem Wasserbad schmelzen. Die Cornflakes mit einem Messer fein hacken und unter die Schokoladenmasse geben. Diese zwischen zwei Lagen Backpapier ca. 3 mm dünn ausrollen und kalt stellen. Eine tiefe, rechteckige Form mit Frischhaltefolie auslegen, den Knusperboden zurecht schneiden und einlegen.

3. Für die Canache die Milch mit Sahne und Zucker aufkochen, die Kaffeebohnen dazugeben und das Ganze abgedeckt ca. 1 Stunde ziehen lassen. Die Kaffee-Sahnemischung durch ein Sieb passieren und mit dem Eigelb über dem Wasserbad „zur Rose abziehen". Die in etwas Wasser eingeweichte und ausgedrückte Gelatine darin auflösen, die Masse über die Bitterkuvertüre geben, alles glatt rühren und über den Knusperboden gießen.

4. Für den Biskuit das Vollei mit Zucker und Mandelgrieß aufschlagen. Das Eiweiß mit einer Prise Salz steif schlagen und vorsichtig unter die Mandelmasse heben. Das Mehl mit der Speise-

Schichtarbeit! Doch die Mühe lohnt.

stärke in die Eimasse sieben und vorsichtig unterheben. Den Teig auf ein mit Backpapier ausgelegtes Blech dünn aufstreichen (etwas größer als die Form mit dem Knusperboden) und im vorgeheizten Backofen bei 250°C (Umluft 230 °C) ca. 8 Minuten backen. Den Biskuit herausnehmen, kurz abkühlen lassen und mit dem Espresso bepinseln. Den ausgekühlten Biskuit zurecht schneiden und auf die Kaffee-Canache setzen.

5. Für die Crème den Mascarpone mit Vanillemark glatt rühren. 10 ml Wasser mit dem Zucker und Kaffeepulver erwärmen, die eingeweichte und ausgedrückte Gelatine darin auflösen und unter den Mascarpone rühren. Den Kaffeelikör zugeben, die steif geschlagene Sahne vorsichtig unterheben und mithilfe einer Palette die Mascarpone-Crème auf den Biskuit streichen. Das Ganze für mindestens 2 Stunden gut durchkühlen lassen. Dann mit einem Messer in gewünscht große Stücke schneiden und mit Krokantstücken garnieren.

Mandelbiskuit:
125 g Vollei
90 g Zucker
90 g Mandelgrieß
80 g Eiweiß
1 Prise Salz
25 g Mehl
1 TL Speisestärke
1 Tasse Espresso (zum Tränken)

Mokka-Mascarpone-Crème:
125 g Mascarpone
Mark von ½ Vanilleschote
45 g Zucker
10 g Instantkaffeepulver
2 Blatt Gelatine
10 ml Kaffeelikör
50 g geschlagene Sahne

„Tarte Tatin"
mit Rum-Eis

1. Für das Rum-Eis die Milch mit der Sahne aufkochen lassen. Eigelb und Zucker auf dem Wasserbad anschlagen, die heiße Sahne-Milchmischung unter ständigem Rühren dazugeben und »zur Rose abziehen« (bei geringer Hitze oder im Wasserbad eine Flüssigkeit mit Eigelb binden, einen Holzlöffel kurz eintauchen und auf die anhaftende Creme pusten. Fließt sie rosenartig, wie in Blättern, auseinander und erstarrt in dieser Form, ist die Beschaffenheit richtig. Ist das Wasserbad dagegen zu heiß, gerinnt das Eigelb.). Die Masse abkühlen lassen, den Rum unterrühren, die Masse anschließend in der Eismaschine gefrieren lassen.

2. Für die Tarte den Backofen auf 200 °C Umluft vorheizen. In einem Topf aus Butter und Zucker einen Karamell herstellen. Diesen auf 4 kleine runde Backförmchen (10 – 12 cm Durchmesser) verteilen und die Apfelscheiben gleichmäßig in zwei Lagen darauf legen.

3. Den Blätterteig etwas auswellen und die Früchte damit zudecken. Die Tartes im vorgeheizten Backofen 10 – 15 Minuten backen, bis der Blätterteig goldbraun ist und die Äpfel weich sind.

4. Die Tartes nacheinander auf einen Kuchenrost oder ein Gitter stürzen, mit einer Palette auf Teller heben. Mit einer Nocke Rum-Eis möglichst noch warm servieren.

Für 4 Personen

Rum-Eis:
500 ml Milch
500 ml Sahne
240 g Eigelb
200 g Zucker
70 ml Rum

Tarte:
80 g Butter
150 g Zucker
3 – 4 Äpfel, entkernt und in dünne
    Scheiben geschnitten (z.B. Boskop
    oder Granny Smith)
200 g Blätterteig

193

AFTER EIGHT®
»Buchholz«

Minzsirup (am Vortag zubereiten):
200 g Zucker
1 Bund Minze

Weißer Schokoladenbiskuit:
210 g Marzipanrohmasse
105 g Eigelb
75 g Vollei
50 g Zucker
65 g weiße Kuvertüre
50 g Butter
125 g Eiweiß
65 g Zucker
60 g Mehl

Minzeis:
250 ml Milch, 250 ml Sahne
50 g Zucker
1 Beutel Pfefferminztee
120 g Eigelb
175 g weiße Kuvertüre
30 ml Minzlikör
50 g Schokoladenraspel

Schokoladencrème:
100 g Bitterschokolade
      (72% Kakaogehalt)
25 g Vollei
10 g Eigelb
10 g Zucker
1 Blatt Gelatine
250 g geschlagene Sahne
klarer Minzlikör

1. Für den Minzsirup 200 ml Wasser mit dem Zucker aufkochen, die Minze dazugeben und über Nacht in einem Weckglas ziehen lassen. Den Sirup passieren und kaltstellen.

2. Für den weißen Schokoladenbiskuit die Marzipanrohmasse mit dem Eigelb, Vollei und Zucker mit einem Handrührgerät schaumig aufschlagen. Die Kuvertüre mit der Butter auf einem Wasserbad schmelzen. Das Eiweiß mit dem Zucker steif schlagen und beides vorsichtig unter die aufgeschlagene Marzipan-Eimasse heben. Das Mehl ebenfalls unterheben, dann die Masse auf einem mit Backpapier ausgelegten Blech dünn aufstreichen und im vorgeheizten Backofen bei 180°C ca. 10 Minuten backen.

3. Für das Minzeis die Milch mit dem Zucker aufkochen, den Teebeutel hineingeben und für ca. 10 Minuten ziehen lassen. Dann herausnehmen und die Milch mit Sahne und Eigelb über dem Wasserbad „zur Rose abziehen". Die klein gehackte Kuvertüre zu der noch heißen Masse geben, mit Pfefferminzlikör abschmecken und in der Eismaschine frieren lassen.

4. Für die Schokoladencrème die Schokolade über dem Wasserbad schmelzen. Eigelb, Vollei und Zucker warm über einem Wasserbad aufschlagen, die eingeweichte und gut ausgedrückte Gelatine dazugeben und unter die warme Kuvertüre rühren. Mit etwas Minzlikör abschmecken und die Masse in einen Spritzbeutel füllen. Kaltstellen.

AFTER EIGHT® ist eine eingetragene Marke der Société des Produits Nestlé S.A.

5. Für das Minzgelée 450 ml Wasser, Zucker und Limonenabrieb aufkochen, die Minze dazugeben, 10 Minuten ziehen lassen, dann durch ein Sieb passieren. Die eingeweichte und ausgedrückte Gelatine darin auflösen, den Pfefferminzlikör unterrühren, in ein mit Frischhaltefolie ausgelegtes Gefäß gießen und kaltstellen.

6. Für die Minz Panna Cotta die Sahne, Zucker, Vanillemark, Zimt, Sternanis, Minze, Orangen- und Zitronenabrieb zusammen aufkochen und ca. 15 Minuten am Herdrand ziehen lassen. Die eingeweichte und ausgedrückte Gelatine darin auflösen, dann durch ein feines Sieb passieren und mit Pfefferminzlikör abschmecken. Die Panna Cotta in ein mit Frischhaltefolie ausgelegtes Gefäß ca. 3 cm hoch einfüllen und kaltstellen.

7. Für die AFTER EIGHT® Pralinen den Pfefferminzsirup mit der Sahne aufkochen und über die klein gehackte Kuvertüre geben. Die Butter langsam unter die noch warme Masse geben, das Ganze auf ca. 30°C abkühlen lassen. Die AFTER EIGHT® Täfelchen in grobe Stücke schneiden und mit einem Holzlöffel unter die Pralinenmasse geben. Diese in einen Spritzbeutel geben und für ca. 30 Minuten kaltstellen. Dann auf ein mit Backpapier ausgelegtes Blech walnussgroße Häufchen setzen und für ca. 1 Stunde kalt stellen, später zu Kugeln formen.

8. Für das Minzpesto die abgezupften Minzblätter mit den restlichen Zutaten in einem Mixer fein pürieren.

9. Für die Schokoladensauce die Sahne mit dem Kakao aufkochen und mit der klein gehackten Schokolade glatt rühren.

10. Für die Minzsauce die abgezupften Minzblätter mit dem Sirup und der Crème fraîche pürieren, durch ein feines Sieb passieren und mit einem Schuss Pfefferminzlikör abschmecken.

Minzgelée:
30 g Zucker
1 Bund Minze
Abrieb von 1 Limone
7 Blatt Gelatine
50 ml klarer Minzlikör

Minz Panna Cotta:
150 ml Sahne
25 g Zucker
Mark von 1 Vanilleschote
1,5 Blatt Gelatine
Abrieb von ¼ Orange
Abrieb von ¼ Zitrone
1 Msp. Zimt
1 Stück Sternanis
3 Stängel Minze
klarer Pfefferminzlikör

AFTER EIGHT® Praline:
100 ml Minzsirup
25 ml Sahne
200 g Bitterkuvertüre (72% Kakaogehalt)
5 g Butter
6 Täfelchen AFTER EIGHT®

Minzpesto:
1 Bund Minze
1 EL Mandeln, geschält
2 EL Pinienkerne
50 ml Minzsirup
1 EL Olivenöl

Schokoladensauce:
250 ml Sahne
50 g Kakaopulver
50 g Bitterschokolade
(72% Kakaogehalt)

Minzsauce:
1 Bund Minze
100 ml Minzsirup
1 EL Crème fraîche
Pfefferminzlikör

Schokoladenhippe:
50 g Mehl
50 g Puderzucker
65 g Butter
65 g Eiweiß
20 g Kakaopulver

Schokoladenchip:
100 g Bitterschokolade
(72% Kakaogehalt)

Filoteig:
1 Blatt Filoteig
Puderzucker
1 EL zerlassene Butter

Garnitur:
Minzblättchen
AFTER EIGHT®

11. Für die Schokoladenhippe alle Zutaten bei Zimmertemperatur gut miteinander verrühren, die Masse für ca. 20 Minuten kaltstellen. Mithilfe einer Schablone die gewünschte Hippenform auf ein mit einer Silikonbackmatte ausgelegtes Blech dünn aufstreichen und im vorgeheizten Ofen bei 160°C ca. 6 Minuten backen.

12. Für die Schokoladenchips die Kuvertüre über einem Wasserbad schmelzen, mithilfe eines Pinsels die gewünschte Form auf Backpapier pinseln und auskühlen lassen. Später vorsichtig ablösen.

13. Für den karamellisierten Filoteig den Teig auslegen, mit etwas Butter bestreichen, zusammenklappen, nochmals mit Butter bestreichen und noch einmal zusammenklappen. Den gefalteten Filoteig in 2,5 x 5 cm große Rechtecke schneiden, mit ein wenig Puderzucker bestäuben und bei 180°C für ca. 6-8 Minuten im Backofen karamellisieren.

14. Den Schokoladenbiskuit in 2,5 x 5 cm große Rechtecke schneiden und links auf den Teller setzen. Auf den Biskuit mit der Schokoladencrème vier etwas dickere haselnussgroße Punkte setzen, den karamellisierten Filoteig darauf legen und mit etwas grob geschnittenem Minzgelée dekorieren.

15. Die Panna Cotta mit einem runden Ausstecher (2,5 cm Durchmesser) ausstechen, leicht versetzt neben das Törtchen setzen und mit einem Schokoladenchip garnieren. Einen TL Minzpesto neben die Panna Cotta geben und die Praline darauf anrichten. Ein halbiertes AFTER EIGHT® Täfelchen zur Dekoration leicht in die Praline stecken.

16. Einen Klecks Schokoladensauce auf den Teller geben, eine Nocke Minzeis darauf setzen. Mit Schokoladenraspeln bestreuen und mit einer Schokoladenhippe garnieren. Minzspitzen auf das Minzgelée setzen.

Mein Minz-Dessert — speziell für alle detailverliebten Tüftler

Gebrannte
Quarkcannelloni
mit Orangenkompott

Für 6 Personen

Crêpes:
4 Eier
100 ml Milch
1 Prise Salz
1 Schuss Öl
3 El Mehl
20 g Kakao
Pflanzenöl

Füllung:
250 g Magerquark
Abrieb von ½ Orange
Abrieb von ½ Zitrone
Mark von ½ Vanilleschote
3 Eigelb
45 g Zucker
200 ml Sahne
2 Blatt Gelatine
50 g Schokoladenraspel

Orangenkompott:
500 g Orangen
2 – 4 cl Grappa

Zucker zum Bestreuen
Minze für Garnitur

1. Für die Crêpes die Eier mit der Milch verquirlen, dann Salz und Öl zufügen. Das Mehl mit dem Kakao unterrühren. Den Teig für mindestens 30 Minuten kalt stellen. In einer Pfanne mit etwas Öl nacheinander 6 Crêpes backen.

2. Für die Füllung den Quark mit Orangen- und Zitronenabrieb und dem Vanillemark in einer Schüssel verrühren. Eigelbe und Zucker cremig schlagen. Die Sahne steif schlagen.

3. Die Gelatine in etwas kaltem Wasser einweichen, dann in einem kleinen Topf bei schwacher Hitze schmelzen. Mit etwas Quarkmasse vermengen und dann der restlichen Masse zufügen. Dann die Eigelb-Zucker-Masse untermengen und zum Schluss vorsichtig die Sahne und die Schokoladenraspel unterheben.

4. Die Crêpes ausbreiten, etwas Quarkmasse darauf verteilen und in Klarsichtfolie einrollen. Gut zwei Stunden kühl stellen.

5. Die Orangen schälen, filetieren und mit Grappa marinieren.

6. Die gekühlten Cannelloni auspacken, mit Zucker bestreuen und mit dem Bunsenbrenner karamellisieren. Auf Tellern mit dem Orangenkompott anrichten und mit Minzeblättchen garnieren.

Weiße Schokoladenmousse
auf Knuspernougat mit Sauerkirschen

1. Für den Knuspernougat die Schokolade mit dem Nougat über einem Wasserbad schmelzen und mit den klein geschnittenen Cornflakes mischen. Auf ein mit Frischhaltefolie ausgelegtes tieferes Blech etwa ¾ der Masse ca. 3 mm hoch mit einer Palette einstreichen und kaltstellen. Den Rest der Masse kaltstellen und vor dem Servieren in kleine Stücke brechen.

2. Für die Schokoladenmousse die Kuvertüre über dem Wasserbad schmelzen. Eigelb, Vollei und Zucker ebenfalls auf einem Wasserbad schaumig aufschlagen, die eingeweichte und ausgedrückte Gelatine darin auflösen. Die Masse langsam in die flüssige Kuvertüre fließen lassen, die geschlagene Sahne vorsichtig unterheben und mit Kirschwasser abschmecken. Die Schokoladenmousse 2 cm hoch auf den Knuspernougatboden geben, die restliche Mousse in einen Spritzbeutel füllen und beides kaltstellen.

3. Für den Schokoladenespuma die Sahne mit dem Vanillemark aufkochen, über die klein gehackte Kuvertüre geben, gut verrühren und mit Kirschwasser abschmecken. Dann in eine Espumaflasche füllen (2 Patronen) und kaltstellen.

Für 4 Personen

Knuspernougat:
75 g Vollmilchschokolade (35% Kakaogehalt)
150 g dunkler Nougat
75 g Cornflakes

Schokoladenmousse:
15 g Eigelb
40 g Vollei
15 g Zucker
140 g weiße Kuvertüre
1 Blatt Gelatine
200 g geschlagene Sahne
Kirschwasser

Weißer Schokoladenespuma:
250 ml Sahne
125 g weiße Kuvertüre
Mark von ½ Vanilleschote
Kirschwasser

Kirschwassergranité:
100 g Zucker
50 ml Kirschwasser

Kirschsorbet:
250 g Kirschen, entsteint
60 ml Kirschsaft
1 TL Honig
120 g Zucker
etwas Zitronensaft

Kirschragout:
300 g Sauerkirschen, entsteint
100 ml Kirschsaft
30 g Zucker
1 EL Honig
Mark von ½ Vanilleschote
Abrieb von 1 Orange
½ Zimtstange
2 Nelken
1 EL Speisestärke
Kirschwasser

Schokoladenhippen:
100 g Vollmilchschokolade
1 Handvoll Haselnusskrokant

4. Für das Kirschwassergranité 350 ml Wasser mit dem Zucker aufkochen, Kirschwasser einlaufen lassen, in ein flaches Gefäß füllen und frieren lassen.

5. Für das Kirschsorbet die Kirschen mit dem Kirschsaft und Honig im Mixer pürieren, durch ein feines Sieb passieren, mit dem Zucker einmal aufkochen, mit etwas Zitronensaft abschmecken und in der Eismaschine frieren.

6. Für das Kirschragout den Kirschsaft mit Zucker, Honig, Vanillemark, Orangenabrieb, Zimt und Nelken ca. 10 Minuten bei mittlerer Hitze einkochen, mit einem Löffel angerührter Stärke abziehen und durch ein Sieb passieren. Mit ein wenig Kirschwasser abschmecken und den noch warmen Fond über die Sauerkirschen geben.

7. Für die Schokoladenhippen die Schokolade über einem Wasserbad schmelzen, dann mithilfe einer Palette auf eine etwas dickere Folie ca. 2 mm dick aufstreichen, mit dem Haselnusskrokant bestreuen und kaltstellen. Kurz vor dem Servieren in lange Stücke brechen oder schneiden.

8. Die Schokoladenmousse in vier 2,5 x 5,5 cm große Rechtecke schneiden und auf Tellern anrichten. Auf die Schnitte mit der Schokoladenmousse 5 dickere Punkte setzen und je eine eingelegte Kirsche (Kirschragout) daraufsetzen.

9. Für den Shooter ein paar eingelegte Kirschen klein schneiden und mit etwas Fond je einen TL in die Gläser füllen. Auf das Kirschragout je einen Löffel abgekratztes Kirschwassergranité geben, den Shooter mit dem Schokoladenespuma auffüllen und mit dem zerkleinerten Knuspernougat garnieren.

10. Auf die Kirschen eine gebrochene Schokoladenhippe geben, darauf eine mit einem warmen Löffel abgestochene Nocke Kirschsorbet setzen.

Zweierlei Schokolade
mit Pfirsich und Zitronenthymian

Für 4 Personen

Pfirsichpüree:
1 kg Pfirsiche
100 g Zucker

Pfirsichsorbet:
25 ml Läuterzucker (Wasser mit Zucker,
    1:1 aufgekocht)
100 g Zucker
8 g Zitronenthymian
500 ml Pfirsichpüree

pochierter Pfirsich:
2 Pfirsiche
30 g Zucker
15 g Butter
10 ml Weißwein
1 Zweig Zitronenthymian

Pfirsichgeléeschnitte:
200 ml Pfirsichpüree
15 g Zucker
15 ml Pfirsichlikör
6 Blatt Gelatine
2 pochierte Pfirsiche
1 Zweig Zitronenthymian

Pfirsichgeléemantel:
200 ml Pfirsichpüree
15 g Zucker

1. Für das Pfirsichpüree Pfirsiche schälen, entsteinen, in grobe Würfel schneiden und mit dem Zucker mischen. In einem flachen Gefäß abgedeckt im vorgeheizten Ofen bei 130 °C ca. 30 Minuten weich garen. Dann im Mixer fein pürieren und durch ein Sieb passieren.

2. Für das Pfirsichsorbet 125 ml Wasser, Zucker und Läuterzucker aufkochen, Zitronenthymian beifügen und abgedeckt ca. 10-15 Minuten ziehen lassen. Dann mit dem Pfirsichpüree verrühren und in der Eismaschine frieren.

3. Für den pochierten Pfirsich die Pfirsiche schälen, halbieren und vorsichtig die Steine entfernen. Den Zucker goldgelb schmelzen, die Butter einrühren, mit dem Weißwein angießen, den Thymian dazugeben und einmal aufkochen. Mit den Pfirsichen in ein Gefäß geben, mit Alufolie abdecken und im vorgeheizten Backofen bei 160 °C 10 Minuten garen. Die Pfirsiche herausnehmen und bis zur weiteren Verarbeitung kaltstellen.

4. Für die Pfirsichgeléeschnitte die pochierten Pfirsiche in kleine Würfel schneiden und mit dem abgezupften Zitronenthymian mischen. Das Pfirsichpüree mit Zucker und dem Likör aufkochen, die eingeweichte und ausgedrückte Gelatine darin auflösen und die lauwarme Masse mit den Pfirsichwürfeln vermengen. Dann auf ein mit Frischhaltefolie ausgelegtes Blech knapp 1 cm hoch ausgießen und für ca. 3 Stunden kaltstellen.

5. Für den Pfirsichgeléemantel Pfirsichpüree, Zucker, Likör, Agar-Agar und Thymian aufkochen und am Herdrand ca. 2-3 Minuten leicht köcheln lassen. Die eingeweichte und ausgedrückte Gelatine darin auflösen, den Thymianzweig entfernen und auf ein mit Frischhaltefolie ausgelegtes Blech dünn aufgießen.

6. Für die helle und dunkle Schokoladenmousse jeweils Milch, Zucker und Eigelb über dem Wasserbad „zur Rose abziehen", die eingeweichte und ausgedrückte Gelatine darin auflösen. Die Masse über die gehackte Kuvertüre geben und glatt rühren. Wenn die Masse etwas abgekühlt ist, die geschlagene Sahne unterheben. Mousse in ein mit Frischhaltefolie ausgelegtes Gefäß füllen und kalt stellen.

7. Für den karamellisierten Filoteig den Teig mit etwas Butter bestreichen, zusammenklappen, nochmals mit Butter bestreichen und erneut zusammenklappen. Den Filoteig in 3 x 7 cm große Rechtecke schneiden, mit Puderzucker bestäuben und im Backofen bei 180°C ca. 6-8 Minuten karamellisieren.

8. Für die Zitronen Crème fraîche die Crème fraîche mit Zitronensaft, Milch und Puderzucker glatt rühren und in eine kleine Spritzflasche füllen.

9. Für die Pfirsichsauce das Pfirsichpüree mit dem Zucker aufkochen, mit der Stärke leicht binden und mit dem Likör glatt rühren. Die Sauce in eine kleine Spritzflasche füllen und kaltstellen.

10. Beide durchgekühlten Schokoladenmousses in 2 x 2 x 10 cm lange Streifen schneiden und auf das Pfirsichgelée setzen. Das Gelée auf der oberen Seite mit einem Bunsenbrenner leicht erwärmen und die Mousse vorsichtig damit einschlagen. Wenn alle vier Seiten eingeschlagen sind, noch mal kurz kaltstellen. Das überstehende Gelée später wegschneiden. Frischhaltefolie entfernen und die eingewickelte Mousse in 2 cm breite Stücke schneiden. Die übrig gebliebene Mousse nochmals mit einem Schneebesen glatt rühren und in einen Spritzbeutel füllen.

11. Die Pfirsichgeléeschnitte in 6 x 2,5 cm große Rechtecke schneiden und links auf dem Teller platzieren. Mit der hellen und dunklen Schokoladenmousse abwechselnd je zwei walnussgroße Punkte auf die Schnitte dressieren, darauf die Filoteigplatte setzen. Auf diese kommt eine mit einem warmen Löffel abgestochene Nocke Pfirsichsorbet. Rechts neben die Schnitte zwei Moussewürfel setzen und den Teller mit der Zitronen-Crème fraîche und der Pfirsichsauce garnieren.

20 ml Pfirsichlikör
1 Zweig Zitronenthymian
1 g Agar-Agar
1 Blatt Gelatine

helle Schokoladenmousse:
80 ml Milch
5 g Zucker
10 g Eigelb
2,5 Blatt Gelatine
200 g weiße Kuvertüre
180 g geschlagene Sahne

dunkle Schokoladenmousse:
100 ml Milch
10 g Zucker
20 g Eigelb
1 Blatt Gelatine
240 g Milchkuvertüre
220 g geschlagene Sahne

karamellisierter Filoteig:
1 Blatt Filoteig
1 EL zerlassene Butter
Puderzucker

Zitronen Crème fraîche:
50 g Crème fraîche
Saft von 1 Zitrone
30 ml Milch
10 g Zucker

Pfirsichsauce:
100 ml Pfirsichpüree
10 g Zucker
15 ml Pfirsichlikör
1 TL angerührte Speisestärke

Pralinen & Trüffel

Grüner-Tee-Pistazien-Trüffel

35 ml Sahne
150 g weiße Kuvertüre
30 g grüner Tee (Matjaa)
50 g Pistazien, geröstet
1 Prise Meersalz

Kaffee-Nougat-Praline

60 g dunkler Nougat
75 g Bitterkuvertüre (70% Kakaogehalt)
50 ml Sahne
1 TL Instantkaffeepulver
1 TL Kaffeelikör
1 TL Butter
50 g geröstete Haselnüsse,
   grob zerkleinert

Grüner-Tee-Pistazien-Trüffel

1. Die Sahne aufkochen, über die klein gehackte Kuvertüre geben und glatt rühren. Das Teepulver unterrühren und für eine Stunde kalt stellen.

2. Die abgekühlte Masse mit einem Handrührgerät leicht aufschlagen und in einen Spritzbeutel füllen. Dann auf ein mit Backpapier ausgelegtes Blech walnussgroße Häufchen setzen und für ca. eine Stunde kalt stellen.

3. Die gerösteten Pistazien mit einer Prise Salz in einem Mixer fein zerkleinern. Die Schokolade zu Kugeln formen und in dem Pistazienmehl vorsichtig wälzen.

Kaffee-Nougat-Praline

1. Den Nougat mit der gehackten Kuvertüre über einem Wasserbad schmelzen.

2. Die Sahne einmal aufkochen, Kaffeepulver und Kaffeelikör einrühren und langsam unter die Schokoladenmasse rühren. Dann die Butter unterrühren und die Masse in eine mit Frischhaltefolie ausgelegte Form ca. 2–3 cm hoch einfüllen. Kalt stellen.

3. Mithilfe eines in heißem Wasser erwärmten Messers die Kaffee-Nougat-Pralinen in die gewünschte Formen schneiden und mit den Haselnüssen garnieren.

Suchtgefahr!

Grundrezepte:

Grundrezepte
Mehlbutter

Die Butter mit dem Mehl zu einer glatten Masse verrühren. Diese mithilfe eines Stücks Frischhaltefolie zu einer Rolle formen und im Kühlschrank mindestens 30 Minuten kaltstellen. Die fest gewordene Mehlbutter in feine Scheiben schneiden, nach und nach in den kochenden Fond geben, bis die gewünschte Konsistenz erreicht ist.

Die restliche Mehlbutter kann im Gefrierfach aufbewahrt werden.

1 EL weiche Butter
2 EL Mehl

Nudelteig

Alle Zutaten in einer Küchenmaschine mit einem Knethaken auf niedriger Stufe 10 Minuten kneten. Den Teig auf einer Arbeitsfläche nochmals ca. 5 – 10 Minuten mit der Hand nachkneten, damit der Teig geschmeidig wird. In Folie einschlagen und mindestens 1 Stunde ruhen lassen.

250 g Nudelgrieß
300 g Mehl Type 405
225 g Eigelb
80 g Eiweiß
1 TL Salz
1 EL Olivenöl
1 EL weiche Butter

Fonds

(am Vortag zubereiten!)

6 Roma-Tomaten
1 Stück Sternanis
3 Stiele Basilikum
3 EL Gin
3 EL heller Balsamico-Essig
1 EL Meersalz
1 EL Zucker

Ergibt etwa 1 Liter

50 g Schalotten
300 g Fenchelknollen
50 g Lauch
3 EL Olivenöl
2 Tomaten
2 Knoblauchzehen
50 ml Weißwein
50 ml Wermut (Noilly Prat)
1,5 l Fischfond, siehe Grundrezept
1 Zweig Thymian
3 Sternanis
1 TL Fenchelsamen
5 Pfefferkörner
1 Msp. geriebene Orangenschale
10 ml Pernod
1 Eiweiß
100 g Fischabschnitte vom Wolfsbarsch
Meersalz

Weißer Tomatenfond

Die Tomaten vom Strunk befreien, vierteln und mit den anderen Zutaten in der Küchenmaschine bei höchster Stufe ca. 1 Minute mixen. Dann über Nacht durch ein doppelt gelegtes Passiertuch in eine Schüssel abtropfen lassen.

Fenchelfond

Für den Fenchelfond die Schalotten schälen, Fenchel und Lauch putzen und alles grob würfeln. In Olivenöl farblos anschwitzen. Von den Tomaten den Strunk entfernen und klein schneiden. Knoblauch schälen und ebenfalls klein schneiden. Zusammen mit Weißwein und Wermut zugeben und auf die Hälfte reduzieren. Mit Fischfond auffüllen, Kräuter, Gewürze und Pernod zufügen und ca. 20 Minuten ziehen lassen. Das Eiweiß etwas aufschlagen und mit den Fischabschnitten zum Fenchelfond geben. Unter ständigem Rühren aufkochen, den Fond klären, ggf. mit Salz abschmecken und passieren.

Kalbsfond

1.   Den Backofen auf 220°C vorheizen. Kalbsknochen und -fuß in einem Bräter im Ofen anrösten; die einzelnen Stücke von Zeit zu Zeit wenden. Wenn alles leicht gebräunt ist, die Karotten und die Zwiebeln untermischen und 5 Minuten mitbraten.

2.   Den Inhalt des Bräters mit einem Schaumlöffel herausheben und in einen großen Topf geben; dabei die braunen Krusten nicht ablösen, damit der Fond schön hell bleibt. 3 l kaltes Wasser und den Weißwein zugießen und bei starker Hitze zum Kochen bringen. Sobald die Flüssigkeit kocht, die Temperatur so weit herunterschalten, dass die Flüssigkeit nur noch siedet. Den Fond 10 Minuten köcheln lassen, den Schaum abschöpfen und alle anderen Zutaten zugeben. Den Fond im offenen Topf 2 ½ Stunden bei mittlerer Hitze köcheln lassen, zwischendurch hin und wieder abschäumen. Anschließend den Fond durch ein feinmaschiges Sieb abseihen und so schnell wie möglich abkühlen lassen.

Ergibt etwa 1 Liter

1,5 kg Kalbsknochen, klein gehackt
½ Kalbsfuß, längs gespalten, klein
    gehackt und blanchiert
200 g Karotten, in Scheiben geschnitten
100 g Zwiebeln, geschält und gewürfelt
250 ml trockener Weißwein
1 Selleriestange, in dünne Scheiben
    geschnitten
6 Tomaten, gehäutet, entkernt und
    gewürfelt
150 g kleine Champignons, feinblättrig
    geschnitten
2 Knoblauchzehen, ungeschält
1 Bouquet garni mit 1 Zweig Estragon

Ergibt ca. 1,8 Liter

1 Hähnchen, ca. 1,8 kg
500 g Hühnerklein
1 Zwiebel, geschält und halbiert
1 Karotte, grob zerkleinert
2 Stangen Staudensellerie mit Blättern,
    grob zerkleinert
2 Knoblauchzehen, angedrückt
1 Stängel Zitronengras, grob gehackt,
    oder ¼ TL von einer abgeriebenen
    Zitronenschale
10 schwarze Pfefferkörner
3 große rote Chilischoten

Ergibt ca. 2 ¼ Liter

500 g Karkassen von weißfleischigen
    Fischen
3 Schalotten
1 Stange Staudensellerie mit Blättern,
    grob zerkleinert
½ Stängel Zitronengras oder
    ¼ TL von einer abgeriebenen
    Zitronenschale
2 Knoblauchzehen
25 g Korianderzweige mit Wurzeln

Geflügelfond

1.   Das Hähnchen mit Hühnerklein, Zwiebel, Karotte und Sellerie in einen großen Topf geben. Zutaten mit ca. 2 l kaltem Wasser bedecken. Bei schwacher Hitze langsam zum Kochen bringen und 50 Minuten köcheln lassen. Wenn die Flüssigkeit zu köcheln beginnt, den Schaum an der Oberfläche mehrmals abschöpfen.

2.   Die übrigen Zutaten zugeben und alles zugedeckt 2 weitere Stunden köcheln lassen. Das Hähnchen herausnehmen und anderweitig verwenden. Brühe abseihen. Dabei das Gemüse nicht ausdrücken. Die gewünschte Menge der Brühe sofort verwenden, Reste einfrieren.

Fischfond

1.   Die Fischkarkassen mit ca. 2 ½ l Wasser in einen großen, schweren Topf geben und aufkochen lassen. Den auf der Oberfläche entstehenden Schaum abschöpfen.

2.   Schalotten, Staudensellerie, Zitronengras oder -schale, Knoblauch und Koriander zugeben und alles bei geschlossenem Topf 50 Minuten köcheln lassen.

3.   Den Fischfond abseihen. Nicht sofort benötigten Fond portionsweise einfrieren.

Lammfond

1. Den Backofen auf 220°C vorheizen. Die Lammstücke in einen Bräter legen und im heißen Backofen anrösten; die Fleischstücke zwischendurch wenden. Sobald das Lammfleisch gut gebräunt ist, die Karotten und die Zwiebeln zugeben und unter Rühren 5 Minuten mitbraten. Anschließend den Inhalt des Bräters mit einem Schaumlöffel in einen großen Topf oder eine Kasserolle geben.

2. Das im Bräter zurückgebliebene Fett wegschütten, den Bratensatz mit dem Wein ablöschen und auf die Hälfte reduzieren. Die eingekochte Flüssigkeit in den Topf zu den anderen Zutaten gießen, mit 2,5 l kaltem Wasser aufgießen und bei starker Hitze aufkochen lassen. Die Temperatur herunterschalten und die Flüssigkeit 10 Minuten sanft köcheln lassen.

3. Dann den Schaum abschöpfen und die restlichen Zutaten hinzufügen. Bei milder Hitze 1 ½ Stunden offen köcheln lassen, dabei den Schaum nach Bedarf abschöpfen. Anschließend den Fond durch ein Passiertuch in einen anderen Topf füllen und so weit reduzieren, bis er einen kräftigen Geschmack erhält. Eventuell mit etwas Mehlbutter (siehe Grundrezept) binden.

Ergibt 1 Liter

1,5 kg Hals, Brust oder Hinterhaxe vom Lamm, ohne Haut und Fett, grob zerkleinert
150 g Karotten, in Scheiben geschnitten
100 g Zwiebeln, grob gehackt
250 ml trockener Weißwein
4 Tomaten, gehäutet, entkernt und gehackt
2 Knoblauchzehen
1 Bouquet garni mit 2 Zweigen Estragon und 1 Stange Staudensellerie
6 weiße Pfefferkörner, zerdrückt

Scampifond

Die Scampischalen in etwas Olivenöl anschwitzen. Die in gleich große Stücke geschnittenen Karotten-, Sellerie- und Schalottenwürfel hinzufügen und kurz mitrösten. Tomatenmark, Butter und Zitronengras dazugeben und ebenfalls kurz mitrösten. Mit Cognac ablöschen und flambieren. Mit Portwein nochmals ablöschen, kurz reduzieren, den Alkohol verkochen lassen und mit 1 Liter Wasser auffüllen. Mit Salz und Pfeffer würzen und weiter reduzieren lassen.

100 g Scampischalen
Olivenöl
1 Karotte
1 Stange Staudensellerie
1 Schalotte
1 EL Tomatenmark
30 g Butter
1 Stange Zitronengras
50 ml Cognac
50 ml Portwein
Meersalz, Pfeffer aus der Mühle

211

1 Seite Lachs
40 g Meersalz
30 g Zucker
40 g brauner Zucker
1 TL Fenchelsamen
1 TL Senfsaat
1 TL weiße Pfefferkörner
1 TL Currypulver
1 EL Korianderkörner
1 kleine Zimtstange
2 St. Sternanis
3 Wacholderbeeren
3 Lorbeerblätter
Zesten von je 2 Zitronen, Limonen
    und Orangen
150 ml Olivenöl

Gebeizter Lachs

Die Lachsseite von Gräten und überflüssigem Bauchfett befreien, mit der Hautseite nach unten in ein etwas tieferes Blech legen. Die restlichen Zutaten außer dem Olivenöl im Mixer zu einem Pulver mahlen. Das Pulver mit dem Olivenöl mischen und gleichmäßig auf dem Fisch verteilen. Das Blech mit Frischhaltefolie abdecken und 24 Stunden im Kühlschrank marinieren lassen. Die Beize unter kaltem Wasser abspülen und den Lachs bis zur Weiterverarbeitung in Folie kalt stellen.

Gemüsebrühe

Ergibt ca. 1,8 Liter

2 große Zwiebeln, geviertelt
250 g Karotten, halbiert
1 kleine Sellerieknolle mit Blättern,
    geschnitten
10 g frische Korianderblätter,
    Stängel und Wurzeln
25 schwarze Pfefferkörner
½ TL Salz
100 g Champignons, geviertelt
1 Lorbeerblatt

1. Alle Zutaten mit gut 2 l Wasser in einen schweren Topf geben. Zum Kochen bringen und 20 Minuten leicht köchelnd ziehen lassen. Brühe abseihen. Nicht sofort benötigte Brühe möglichst rasch abkühlen und einfrieren.

Fischsauce

Die Schalotte schälen, fein würfeln und im Olivenöl glasig anschwitzen. Mit dem Fischfond, dem Noilly Prat und dem Weißwein auffüllen und das halbe Lorbeerblatt hinzufügen. Den Alkohol verkochen lassen, dann die Sahne dazugeben. Die Sauce reduzieren lassen, mit Salz und Pfeffer abschmecken und passieren. Die kalte Butter mit einem Stabmixer einmixen.

1 Schalotte
Olivenöl
450 ml Fischfond, siehe Grundrezept
50 ml Noilly Prat (Wermuth)
50 ml Weißwein
½ Lorbeerblatt
250 ml Sahne
Meersalz
Pfeffer aus der Mühle
50 g kalte Butter, in kleinen Stücken zum
    Aufmontieren

Kalbssauce

1. Den Backofen auf 220°C vorheizen. Kalbsknochen und -fuß in einem Bräter im Ofen anrösten (ohne Fettzugabe); von Zeit zu Zeit wenden. Wenn alles gut gebräunt ist, die Karotten und die Zwiebeln untermischen und 5 Minuten mitbraten. Dann Tomaten, Sellerie, Champignons, Knoblauch und Bouquet garni zugeben und ebenfalls einige Minuten mitrösten. Den Inhalt des Bräters mit einem Schaumlöffel herausheben und in einen großen Topf geben.

2. Das Fett im Bräter abgießen und den Bratensatz mit dem Weißwein ablöschen. Die Flüssigkeit um die Hälfte reduzieren lassen, dann in den Topf zu den Knochen und Gemüsen geben. 3 l kaltes Wasser zugießen und bei starker Hitze zum Kochen bringen. Sobald die Flüssigkeit kocht, die Temperatur so weit herunterschalten, dass die Flüssigkeit nur noch siedet. Im offenen Topf 2 ½ Stunden köcheln lassen, zwischendurch hin und wieder abschäumen.

3. Anschließend den Fond durch ein Passiertuch in einen anderen Topf gießen und so weit reduzieren, bis er einen kräftigen Geschmack erhält. Eventuell mit etwas Mehlbutter (siehe Grundrezept) oder brauner Mehlschwitze binden.

Ergibt 1 Liter

1,5 kg Kalbsknochen, klein gehackt
½ Kalbsfuß, längs gespalten, klein
    gehackt und blanchiert
200 g Karotten, in Scheiben geschnitten
100 g Zwiebeln, geschält und grob
    gehackt
6 Tomaten, geschält, entkernt und
    gehackt
1 Selleriestange, in dünne Scheiben
    geschnitten
150 g kleine Champignons, in feine
    Scheiben geschnitten
2 Knoblauchzehen, ungeschält
1 Bouquet garni mit 1 Zweig Estragon
250 ml trockener Weißwein

Eingelegte Kirschtomaten

1 kg Kirschtomaten
400 g Zucker
200 ml weißer Balsamico-Essig
20 g Koriandersamen
20 g Ingwerwurzel
5 Stck. Sternanis
5 Nelken
Zesten von je 1 Orange und 1 Zitrone

1. Die Kirschtomaten vom Strunk befreien und an der Unterseite über Kreuz einritzen. Einen Topf mit Wasser zum Kochen bringen, eine Schüssel mit Eiswasser bereit stellen. Die Tomaten für ca. 30 Sekunden in das kochende Wasser geben, bis die Haut leicht aufplatzt, dann sofort herausnehmen und im Eiswasser abschrecken. Die Tomaten häuten.

2. 500 ml Wasser, Zucker, Essig und die Gewürze zusammen aufkochen, 5 Minuten leicht köcheln lassen. Den lauwarmen Fond über die Tomaten geben und für mindestens 24 Stunden ziehen lassen.

Helles Balsamico-Dressing

100 ml Rapsöl
65 ml weißer Balsamico-Essig
35 g Senf, mittelscharf
50 g Zucker
Meersalz
Pfeffer aus der Mühle
150 ml mildes Olivenöl

Alle Zutaten bis auf das Olivenöl mit 30 ml Wasser in einen Mixer geben. Während der Mixer läuft, das Olivenöl nach und nach einfließen lassen, bis eine Emulsion entsteht. Mit Salz, Pfeffer und Zucker abschmecken.

Marinaden für Fleisch

Rosmarin-Knoblauch-Marinade

3 Zweige Rosmarin, fein geschnitten
3 Knoblauchzehen, fein geschnitten
Abrieb von 1 Zitrone
1 EL schwarzer Pfeffer, geschrotet
Meersalz, 150 ml Olivenöl

Meerrettich-Pfeffer-Marinade

3 Zweige Dill, fein geschnitten
3 EL frisch geriebener Meerrettich
Abrieb von 1 Zitrone
2 EL schwarzer Pfeffer, geschrotet
Meersalz, 150 ml Olivenöl

Zitronen-Oregano-Marinade

5 Zweige Oregano, fein geschnitten
1 Knoblauchzehe, leicht angedrückt
Abrieb von 2 Zitronen
Saft von 1 Zitrone
Meersalz
Pfeffer aus der Mühle
150 ml Olivenöl

Süß-scharfe Marinade

2 TL Paprikapulver, edelsüß
1 TL Cayennepfeffer
3 TL Zucker
1 TL Kreuzkümmel
1 TL geröstete Senfkörner
1 Knoblauchzehe, angedrückt
Meersalz, Pfeffer aus der Mühle
100 ml Pflanzenöl

Jeweils alle Zutaten miteinander vermengen, über das Fleisch geben und je nach Größe des Fleischs 2 – 6 Stunden darin marinieren. Die Marinaden eignen sich sehr gut für Grillfleisch.

Register VERZEICHNIS DER REZEPTE

Frank Buchholz
Sternekoch mit Bodenhaftung

Zwei eigene Rinder auf einer Weide in der Nähe seines Hauses großzuziehen, um seinen Gästen beste Fleischqualität zu liefern, oder seine Auszubildenden zuerst Tomatensamen setzen zu lassen, damit sie begreifen, was sie verarbeiten – wenn es um gutes Essen geht, kommt Frank Buchholz auf ungewöhnliche Ideen. „Nur hochwertige Produkte entwickeln guten Geschmack", sagt der Sternekoch. In seinem Restaurant „Buchholz" in Mainz-Gonsenheim kocht er regional mit mediterranen Einflüssen, weil das ein zeitloser Stil ist, der nie überholt sein wird. „Mit wenig Aufwand viel erreichen – dafür steht meine Küche. Deswegen will ich das Entstehen der Produkte am liebsten selbst überwachen." Das klingt weniger verrückt als sinnvoll und konsequent.

Seine Lehrjahre begann Frank Buchholz in den bekanntesten Küchen Europas, unter anderem in den Käfer-Stuben und im Restaurant Tantris in München. Kochgrößen wie Heinz Winkler, Gerd Käfer und Heinz Beck sind seine Lehrmeister. Dort entdeckt der Westfale seine Leidenschaft für guten Geschmack, schonende Zubereitung und Kommunikation mit dem Gast. „Als ich bemerkt habe, wie befriedigend es ist, Gäste mit gutem Essen glücklich zu machen, wollte ich nichts anderes mehr tun", sagt der Spitzenkoch.

Schnell entwickelt er eine erstaunliche Umtriebigkeit in seinem Beruf: 1997, mit 30 Jahren, tritt er zum ersten Mal in der VOX-Sendung „Kochduell" auf und begeistert das Fernsehpublikum für Kochen, Küche und Kulinarik. Auftritte in „Die Männerkochschule" bei RTL und in „Promi-Kocharena" bei VOX folgen. Im Verein der „Jungen Wilden", einem Zusammenschluss von jungen deutschen Spitzenköchen, die sich zum Ziel gesetzt haben, Menschen für das Kochen zu begeistern und dem Beruf des Kochs ein neues, dynamisches Image zu geben, ist er Gründungsmitglied.

FRANK BUCHHOLZ –
Sternekoch mit Bodenhaftung

Im Jahr 2000 gründet Frank Buchholz eine eigene Kochschule, die „Geschmackswerkstatt" in Unna, vier Jahre später feiert er die Eröffnung seiner zweiten Kochschule in Mainz-Gonsenheim. Und seit 2005 führt Buchholz hier sein erstes eigenes Restaurant. Schon kurz darauf wird er vom renommierten Guide Michelin mit einem Stern ausgezeichnet. Dabei bleibt er seinem Stil treu, hält seit Jahren das Preisniveau im Restaurant und den engen Kontakt zu seinen Gästen. Heute sagt er selbst, dass er in der Stadt am Rhein seinen Platz gefunden hat und zur Ruhe gekommen ist: „Ich mag die ländliche Gegend, hier habe ich das Gefühl, ich selbst zu sein." Wenn das Allround-Talent nicht am Herd steht, verbringt er die Zeit mit seiner Lebensgefährtin und seinen zwei Söhnen, am liebsten im eigenen Garten. Denn hier findet er wieder Energie für das nächste Projekt. Er fühlt sich geerdet und sagt: „Das Wichtigste für mich ist nicht eine gute Bewertung eines Kritikers, sondern die meiner Gäste. Nur für sie koche ich, und ich brauche direktes Feedback von ihnen."